기독
시민교양을
위한
나눔
윤리학

기독
시민교양을
위한
나눔
윤리학

사랑은
자격을
요구하지
않는다

김혜령 지음

ⅰ잉클링즈

차례 _____

나눔과 정의를 함께 추구하는
기독시민교양을 위하여

윤리학, 그리고 '나눔 윤리학'

'윤리학'이란 우리가 어떤 행위를 하거나 하지 않도록 판단
을 내리는 데 기준이 되는 보편적 가치나 규범을 탐구하는
학문이다. 그렇다 보니 많은 이들이 윤리학을 전통적 가치
나 규범을 그대로 고수하고 변증하는 고리타분한 학문으로
여기는데, 그것은 오해다. 윤리학은 사회에서 진리라고 여
겨지는 전통적 가치나 규범이 정말로 오늘날 우리 삶의 자
리에서도 보편타당한지 의심할 뿐 아니라, 적절하지 않다면
새로운 대안적 가치나 규범을 탐구하는 데까지 나아간다.
그래서 윤리학이야말로 가장 급진적인 비판 의식에 기초해
야 한다. 사회 구성원 다수가 확신하는 가치나 규범을 과감

히 의심하고 뒤집고 재구성해 낼 수 있는 생각의 자유와 상상력, 그것이야말로 윤리학의 핵심 역량이다.

앞서 윤리학이 인간 행위의 판단 기준이 되는 가치나 규범을 탐구한다고 했는데, 문제는 판단 대상이 되는 인간의 행위가 매우 다양하다는 것이다. 그래서 '학문'으로서 윤리학은 (행위들 간의 상호 영향과 분리 불가능성에도 불구하고) 행위의 종류나 층위를 형식상 구별하여 다양한 하위 영역으로 발전해왔다. 예를 들어, 의료생명 윤리학, 성 윤리학, 경제 윤리학, 정치 윤리학, 환경 윤리학, 법 윤리학 등과 같은 하위 분야로 나뉘어 더 전문화되고 세밀한 탐구를 해왔다.

'나눔 윤리학'도 그러한 하위 영역 중 하나로, '나눔'과 관련된 인간 행위를 관찰하며 어떤 나눔 행위가 우리에게 필요하거나 혹은 필요하지 않은지를 판단한다. 아울러 그 판단 기준이 되는 전통적 가치나 규범을 의심하고 현대 사회에 적합한 새로운 가치와 규범을 탐구해나간다.

이러한 나눔 윤리학은 적어도 기독교인에게는 하위 분야의 하나일 수 없으며, 오히려 다른 모든 윤리학 하위 분야의 근원이 된다. "하나님은 사랑이시다"라는 '진리 진술'은 그 자체로 기독교 하나님에 관한 존재론적 정의다. 이 진리 진술은 "하나님이 우리를 사랑하시니, 우리도 이웃을 사랑(해

7

야) 한다"라는 기독교인들의 '고백 진술'로 해석되어 이해되고, 실제 삶 속에서 구현된다. 이 두 진술을 관통하는 하나님의 사랑은 '땅으로 내려오신' 예수 그리스도(성자 하나님)를 통해 절정을 이룬다. 본질적으로 기독교의 '하나님 사랑'은 자기 비움과 헌신(희생)을 뜻하는 하강(下降)의 기독론을 통해서만 설명된다.

선을 넘어 그리스도의 선을 증거한 한국교회

그런데 오늘날 한국교회는 '하나님의 인간 사랑'이라는 하강의 기독론을 망각하거나 왜곡한 채, '인간의 하나님 사랑'만을 강요하는 숭배의 종교가 되었다. 오늘날 한국교회를 좀먹고 있는 교회의 재정 비리, 교회 재산의 사유화, 성직 매매, 교권 암투, 극우 정치집단으로의 변질 등과 같은 문제 뒤에는 어김없이 하나님에 대한 사랑을 교회와 교회 지도자에 대한 절대적 복종으로 왜곡하고 둔갑시키는 잘못된 신앙관이 작동한다. 종교 개혁으로 탄생한 개신교는 근본적으로 교회와 성직자 중심의 위계질서를 타파하고 신자 개인의 신앙 자유와 공적 소명을 복원시켰지만, 21세기 한국 개신교 신자 상당수는 여전히 중세 가톨릭교회의 위계적 신관과 교회관, 교권 복종에서 벗어나지 못하고 있다.

문제는 '하나님의 인간 사랑'이 왜곡되는 곳에서는 결국 '그리스도인의 이웃 사랑'도 왜곡되기 쉽다는 사실이다. 오늘날 한국교회만큼 기부와 자선, 사회봉사와 구제, 선교에 정성을 쏟는 경우를 찾기 힘들지만, 한국교회만큼 사회적 신뢰가 빠르게 실추된 사례 또한 세계사에서 찾아보기 힘들다. 겉으로 드러나는 현상으로서의 행위는 나눔이지만, 한국교회의 나눔이 주는 이와 받는 이 사이의 권위적 위계질서를 일상적으로 만들어 내기 때문이다.

18세기를 대표하는 인문주의 철학자 임마누엘 칸트(Immanuel Kant)는 인간의 도덕적 행위에 있어서 자신과 타인의 인간성을 어떤 목적을 위한 수단으로 여기지 말고, 그 자체가 목적이 되도록 대우하라고 말했다. 즉, 나눔이 도덕적 행위라면 그것이 자신과 타인의 인간성 자체, 곧 인간다운 삶 자체만을 목표로 해야지 다른 목적들을 불순하게 섞어서는 안 된다는 뜻이다. 칸트의 도덕철학이 근·현대인들의 도덕성을 고양하는 데 얼마나 이바지했는지 쉽게 판단할 수는 없다. 그러나 분명한 것은 칸트로 인해 사람들은 이제 "누구를 위해, 무엇을 나누는 것인가?"라며 나눔의 동기를

9

먼저 의심하게 되었다.

분명히 한국 개신교 선교 초창기, 교회는 사회적 신분이 천한 자, 가난한 자, 병들거나 장애가 있는 자, 여성과 아이, 교육과 문화에서 소외된 자 등과 함께했다. 당시 한국교회 첫 부흥의 동력이 되었던 이웃 사랑과 나눔은 단순한 자선이나 구제를 넘어선 것으로, 사회에서 차별받고 소외당하는 자들의 주린 배를 채우고, 아픈 몸을 고치고, 못 배운 설움을 털어내게 했다. 그뿐 아니라 사회적 신분이 낮은 자를 해방하여 교회와 사회 공동체의 정당한 구성원으로 참여하게 했다. 이처럼 초기 한국교회의 이웃 사랑은 사람을 차별하는 사회적 선(線)을 넘어 그리스도의 선(善)을 증거하는 데 가장 큰 힘을 쏟았다. 차별과 소외의 담을 허물어, 경계 밖에 있던 사람들을 경계선 안쪽 가장 좋은 자리로 환대하는 것이 기독교 이웃 사랑의 핵심이었기 때문이다.

오염된 이웃 사랑

21세기에도 한국교회는 여전히 가난한 자, 병들거나 장애가 있는 사람, 청소년, 교육과 문화에서 소외된 이들을 열심히 돕고 있다. 그러나 현상적으로는 달라진 게 없는 것처럼 보일지 모르지만, 오늘날 한국교회의 이웃 사랑은 분명히 오염되었다.

우선, 오늘날 한국교회는 그들이 가난이나 질병이나 장애의 고통에서 벗어날 만큼, 사회적 차별과 소외에서 해방될 만큼, 충분히 돕는 일에 열심을 내지 않는다. 이웃 사랑과 나눔의 양과 질에 있어 스스로 한계선을 정해놓고 자위하고 있다.

둘째, 오늘날 한국교회는 여러 목적을 표방하며 이웃 사랑과 나눔의 대상을 선별하고 있다. 선교, 교회와 교회 지도자의 사회적 명예, 봉사나 기부하는 이들의 기쁨과 만족 등을 목적으로 하여 이웃 사랑과 나눔을 행할 때, 교회가 정한 '받는 자'로서의 능력이나 선량함, 도덕성을 갖춰야만 사랑과 나눔의 대상이 될 '자격'을 얻을 수 있다. 나사렛 예수는 사랑의 자격을 따지지 않았는데, 한국교회는 어느샌가 예수를 핑계로 사랑의 자격을 따지고 있다.

셋째, 사회적 계층별로 끼리끼리 모이는 곳이 된 한국교회 안에는 도움을 받는 사람이 실제로 많지 않다. 사회적 약자들을 대상으로 후원이나 기부금도 '주고' 봉사도 '해주지만', 함께 예배를 드리거나 같은 교회 구성원으로서 일상의

삶을 꾸준히 교제하는 경우는 드물다. 모두 '교회 밖 존재'
인 경우가 대부분이기 때문이다.

이러한 이유로 인해, 한국교회의 도움을 받았거나 받으려
는 이들 중에는 인간으로서 존엄성에 깊은 상처를 경험한
이들이 있다. 그들은 당장 긴급한 필요로 인해 어쩔 수 없이
교회로부터 도움을 받았거나 요청했지만, 교회 공동체 안으
로 온전히 동등하게 환대받지 못한, 차별과 소외를 경험한
것이다. 이것이 그들이 교회의 문을 두드리거나 들어서기를
겁먹는 이유다. 우리 사회는, 예수 그리스도와 달리 자기 비
움과 헌신으로 충분히 하강하지 않는 한국교회를 오랫동안
의심하며 지켜봐왔다.

이런 상황에서는 나눔을 '시혜'로 인지하기 쉽다. 시혜가
원래 '은혜를 베푼다'는 말이기에, 듣기에 따라서는 시혜로
인지되는 것이 왜 문제인지 의문을 가질 수 있다. 그것은 베
푸는 이의 진심과 상관없이, 현실적으로 나눔의 행위가 베
푸는 이와 받는 이 사이에 수직적인 위계 관계를 만드는 것
을 피하기 어렵기 때문이다. 받는 이의 어려움과 고통 자체
가 나눔의 목적이 되지 않고 베푸는 이의 다른 목적이 나눔
의 동기가 되거나 동기에 뒤섞일 때, 받는 이는 베푸는 이
의 다른 목적에 부합하기 위해 머리를 숙인 채 자기가 원래

하고 싶은 말을 제대로 못 하게 된다. 배는 부르고, 병은 고쳤으며, 학교는 다니게 되었지만, 받는 이가 베푸는 이와 동등한 존재로 존중받고 환대받는다는 확신을 주지 못한다면 그것이 바로 시혜다. 우리가 하는 나눔이 시혜가 될지 근심하고 조심하지 않는다면, 그 나눔은 시혜가 될 확률이 높다. 그래서 나눔 윤리학에서는 본질적으로 베푸는 자로서 우리의 마음, 받는 자로서 우리의 마음을 찬찬히 들여다보는 일이 중요할 수밖에 없다.

사랑과 정의에 대한 냉전적 이분법

나눔 윤리학에서 나눔의 동기는 분명히 '사랑'이다. 사랑으로 내 몫을 남에게 값없이 주는 것, 그것이 나눔이다. 그런데 이 책에서 독자 여러분은 내 몫을 남에게 기꺼이 나누는 사랑보다는 '정의'에 관한 이야기를 더 많이 읽게 될지도 모르겠다. 정의는 '각자의 정당한 몫을 나눠 받을 권리 찾기'이다. 인류 사회의 역사는 기본적으로 각자의 정당한 몫을 나눠 받을 권리를 위해 투쟁해 온 시민의 역사라 할 수 있다. 노동자, 빈민, 여성, 장애인, 외국인 노동자, 성 소수자,

소수 인종 등이 자신의 몫이 시혜적으로 주어지기를 기다리기보다 적극적으로 자기 권리를 주장하고 획득해 왔다. 그 결과 사회는 오늘날 시장경제의 시스템과 노동구조뿐 아니라, 여기서 발생하는 불의와 불공정을 조정하거나 해소하는 사회적, 국가적, 국제적 제도를 정치적 합의를 통해 만들어 오고 있다. 아직 모든 시민이 자기 몫을 충분히 나눠 받는 것은 아니지만, 시민 사회가 각자의 몫을 정당하게 나누는 정의의 가치를 치열하게 다투며 조금씩 발전해가고 있다.

그런데 한국교회는 정당한 몫을 위한 권리 투쟁 역사를 너무나 쉽게 '공산주의'로 몰아치며 적개심을 품는다. 그 이면에는 기독교를 '자유주의'의 현현이자 수호자로 여기는 사고가 작동한다. 세계사에서 이미 종식된 냉전 체계를 고수하며, 스스로 기독교의 진리를 기껏 20세기 정치 이데올로기의 아류로 구겨 넣는다. 한국교회가 한국전쟁과 남한 단독정부 수립, 군사독재정권을 거치는 동안, 원수조차 용서하는 기독교의 진리를 버리고 원수를 증오하는 힘으로 외적 성장과 내부 결속을 다져온 결과다. 그러다 보니, 이제 한국교회는 광화문 광장에서 민주주의 인권의 기본 이념인 자유, 평등, 박애를 부인하고 혐오와 폭력, 무질서를 기독교의 이름으로 선동하고 자행하는 세력이 되었다. 더 큰 문제는 한국교회를 대표하는 대형 교회 목사들이 무정부적이고 반민주적인 집회에 신도를 조직하여 보내고, 돈을 대고, 단상 위 마이크까지 잡는 일을 부끄러워하지 않는다는 사실이다.

정당한 몫을 나눠 받을 권리를 찾는 정의를 공산주의가 추구하는 가치, 자기 몫을 기꺼이 나눠주는 사랑은 자유주의가 추구하는 가치로 오인하여 기독교인이라면 '정의'가 아닌 '사랑'만을 실천해야 한다고 여기는 것은 진정 무지의 결과이다.

프랑스 시민혁명이 추구한 세 가지 가치(자유·평등·박애) 중 자유는 결국 내 몫을 정당하게 나눠 받을 권리, 즉 '작은 정의'를 의미한다. 평등은 타인의 정당한 몫을 나눠줄 의무, 즉 '큰 정의'를 의미한다. 그러나 시민사회는 이 두 가지 정의만으로는 사회가 평화로울 수 없음을 알았다. 인간은 언제나 타인의 몫보다 자기 몫에 더 예민하고 집착하는 존재이기 때문이다. 그것을 일반적으로 '이기성'이라고 부르지만, 신학적으로는 인간의 뿌리 깊은 자기 중심성에서 나오는 '죄성'이다. 그래서 시민사회는 그 둘의 긴장과 갈등을 '박애'로 해소하고 균형을 맞추려 했다. 약한 자에 대한 연민의 감정에서 출발하는 '박애'는 기독교가 그리도 강조한 이웃 사랑의 세속적 표현이라고 해도 무방하다. 근현대 시민사회가 현실적으로는 많이 미약하고 심지어 위선적일 때가 많음에도, 이렇듯 정의와 사랑의 가치를 모두 버리지 않고 앞으로 나아가기 위한 투쟁의 역사로 이루어진 것이다.

왜 '기독시민교양'인가

왜 '기독시민교양'인가? 사랑이 정의와 분리될 수 없음을 이해하는 것이 이 시대 시민교양이다. 동시에 '나눔'이 '나누기'와 분리될 수 없음을 이해하는 것이 이 시대 시민교양이다.

그러나 정치를 이데올로기의 격투장으로 오인하는 상당수 한국 기독교인들은 '정의'와 '나누기' 문제를 따지는 것을 교회가 신봉하는 자유주의에 대한 저항이나 파괴로 여긴다. 스스로 21세기 시민사회의 올바른 구성원이 되길 포기하고, 이 땅에 하나님 나라(다스림)가 임재하는 일에 참여해야 할 기독교인의 의무를 한갓 20세기 냉전 이데올로기 수호 의무로 변질시킨다.

물론 나눔 윤리학을 기독시민교양으로 설명하려는 뜻이

16

기독시민교양을 위한 나눔 윤리학

현대 시민사회의 나눔과 나누기 문화 및 질서에 대한 기독교인의 이해를 도모하는 데에만 있지 않다. 시민사회의 시민들이 자유와 평등의 갈등 속에 박애의 필요성을 이미 선언적으로 선포하고 스스로 자신들의 의무로 부여하고 있었지만, 의무든 선의든 결국 자기 몫을 이웃에게 내놔야 하는 박애의 도덕은 세속 시민들의 마음을 완전히 움직이기 어렵다. 기독 시민의 역할이 중요한 이유가 바로 여기에 있다.

기독교는 '하나님의 인간 사랑'을 신앙하며, 내 몫이 원래 내 소유가 아니라 하나님의 사랑으로 허락된 것임을 믿는다. 물론 세속 시민처럼 기독 시민도 이미 자기 몫으로 허락된 것을 이웃에게 내놓는 일이 쉬운 것은 아니다. 신앙과 상관없이, 인간의 자기중심성은 타락한 인류 누구나 공유하고 있기 때문이다.

그러나 이 땅에 하강한 예수 그리스도의 사랑은 결국 우리가 자기 몫을 내려 놓는 것이 인간의 도덕적 선의가 아니라 피조적 존재의 의무이자 창조주의 구원 사역의 동역임을 깨닫게 한다. 기독 시민은 이 땅의 사람들이 자기 몫과 이웃의 몫을 놓고 첨예하게 갈등할 때, 그 갈등의 경계를 사랑으로 먼저 허무는 것을 보여주어야 할 의무가 있다. 이러한 기독 시민이 많은 곳에서, 하나님 나라는 이 땅에 임재를 서두

른다. 사랑은 결코 정의와 대립하지 않는다. 오히려 정의를 확장한다.

부끄러움에서 출발하기

필요하다면 한국교회 비판에 주저함이 없으나, 이 글을 쓰는 나 자신이야말로 교회의 은혜로 살았음을 고백하지 않을 수 없다. 평생을 목사의 딸로, 목사의 배우자로, 신학자이면서 목사로 살면서, 누구보다 나 자신 교회 성도들의 사랑으로 살아왔다. 받은 것과 나눈 것을 수식으로 계산하자면, 받은 것이 훨씬 더 큰 삶을 살았다. 그러나 내가 받은 넘치는 은혜를 객관화할 수 있는 것이 나눔을 윤리학적으로 성찰하는 시작이다. 은혜를 객관화한다니 몹시도 은혜롭지 못한 일로 보일 수 있겠으나, 이 작업이 있어야 왜 그 은혜가 나에게 더 많이 쏟아졌는지, 그것은 정당한 일인지, 앞으로 은혜의 편파성을 개선할 방법은 없는지 제대로 고민할 수 있다고 나는 믿는다.

이 모든 일을 나 혼자 할 수는 없다. 교회는 언제나 공동체로서 나의 든든한 뒷배가 되어왔다. 하여 이 부족한 책을

기독시민교양을 위한 나눔 윤리학

읽는 독자 공동체가 나의 새로운 뒷배가 되어주길 간절히 기도한다. 그들의 기대와 비판이, 내가 선하고 정의로운 말의 잔치를 이렇게 보란 듯 쏟아놓고도 자칫 위선적이고 공허한 삶에 빠질 때 나를 다시 반성하고 일으켜 세울 동아줄이 되길 소망한다.

'이기적 동물'을 탓하지 마라

나눔의 순수성을 믿지 않는 시대

나는 이태석 신부도 나처럼 '이기적인 사람'이라고 생각한
다. 내가 돈이나 출세를 욕망하는 것에 반해, 그는 지위와
명예를 얻고자 하는 욕망이 있었을 것이다. 어차피 그도
자기가 원하는 것을 얻었다. 그러니 특별히 그를 존경해야
할 이유가 없다. 투자에 불과한 나눔을 선으로 포장하는
교육이 너무 싫다.

익명 피드백이긴 했지만, 용감한 학생이었다. 나눔을 주
제로 한 인성교육 수업에서 '나눔도 결국 자기가 좋아서, 자
기를 위해서 하는 이기적 행위일 뿐'이라는 반론을 교수에

게 거침없이 피력하는 것은 매우 어려운 일이다. 이러한 피드백을 가끔 받아온 터라 학생들과 공유하고 의견을 들어 보았다. 그런데 적지 않은 학생이 자신도 그렇게 생각했지만 수업 분위기상 말하면 안 될 것 같았다고 고백했다. 그동안 비판적 관점을 가져야 한다고 끊임없이 강조해온 내 말이 전혀 효과가 없었다는 게 드러나는 순간이었다. 인간이라면 누구나 갖춰야 하는 도덕적 소양인 '나눔'이 학점을 주는 '도덕교육'이 되는 순간, 교육의 참된 목적을 잃을 수도 있음을 보여주는 순간이기도 했다.

이를 단순히 교육방법론의 문제라고만 할 수는 없다. 나눔을 고도로 전략화된 이기적 행위와 다름없다고 이해하는 인식이 세상을 압도한 지 오래되었다. 스크루지나 놀부 이야기를 들려주며 이기적인 마음과 행동은 부끄러운 것이라고 가르치는 머리맡 도덕교육의 시대는 끝났다. 주식이나 부동산 분야뿐 아니라 일반적인 기업 활동에서야 그럴 수 있다 치자. 그런데 이제는 학교, 학원, 심지어 자녀교육에서도 "자기 욕망에 충실하라. 타자에 대한 호의는 투자일 때나 가능하고 투자가 아니라면 최소한 손해 보지 않을 정도의 교환 가치라도 있어야 한다"라는 식의 말을 수없이 한다. 그러니 제 목숨까지 내놓으며 이웃에게 헌신한 이들의 이야기를 들어도 감동이나 교훈을 얻을 수 없다. 나와 전혀 무관하다고 거리를 두거나, 이기적이어서 이타적으로 행동했을 뿐이라는 논리로 '이기적인 나나 이타적인 너나 다를 게 없다'고 아예 동일시해버린다.

순수한 나눔을 존경하는 시대가 저물고 있다. 실제로 우리는 누군가의 순수성을 철석같이 믿고 따르다가 뒤늦게 드러난 위선적 행실에 분노하고 좌절한 경험이 적지 않다. 따라서 순수성에만 기대어 나눔 문화를 전파하려 한다면 한순간에 실패하기 쉽다. 존경받는 인물의 나눔 동기가 순수한 사랑과 이타심에서만 나왔으리라고 믿는 것은 막연한 희망일 뿐이다. 나눔의 동기로서 순수성은 잠시 인간 마음에 깃들 수 있겠지만, 누구도 그러한 순수성 자체로 평생을 살 수는 없다. 상대적으로 더 순수하게 나눔을 실천하는 사람일수록, 절대적 기준 앞에서 자신의 마음이 온전히 순수하지 못함을 괴로워할 수밖에 없다. 오히려 자기가 행한 나눔의 순수성을 떠벌리는 사람일수록 가짜일 확률이 다분하다.

왜 우리는 나눔의 순수성을 기대하지 않거나 믿지 않는 시대를 맞이하게 되었는가? 다시 말해, 왜 나눔을 자신의 유익과 상관없이 해야 하는 '옳은 행위'로 보지 않고 살기 위해 하는 '본능적 행위'로 강등하여 이해하는 시대가 된 것일까? 나눔 윤리학에 첫발을 내디디며 이 문제를 먼저 다루고 싶었다. 이것이야말로 진화생물학과 시장경제원리가 윤리학과 종교의 자리를 완전히 대체한 현대사회에서 인간이라는 존재의 본성을 이전과는 어떻게 다르게 이해하는지 근본적으로 살펴볼 수 있는 핵심 질문이기 때문이다. 윤리학이 무능할 수밖에 없는 시대에, 심지어 '나눔 윤리학'을 다시 써보자는 도전이 스스로 생각해도 다소 애처롭기는 하지만, 이런 시대일수록 윤리학의 담론이, 기독교 신앙이 꼭 필요하다고 다독인다.

'인간은 동물'이라는 명제 이후 일어난 일들

나눔을 이기적 행위의 일종으로 단언하는 현대인들은 (자각 여부와 상관없이) 모두 '인간은 동물이다'라는 명제로 매개되는 3단 논법, 즉 '동물은 이기적이다. 인간은 동물이다. 그러므로 인간은 이기적이다'를 따른다. 이러한 논법은 서양철학과 기독교 신학 그리고 이와는 완전히 이질적 학문인 현대 진화생물학이 변증법적으로 작용하여 만들어낸 가상의 신념 체계라고 할 수 있다.

일찍이 동양에서는 동물(자연)과 인간을 별개로 구분하지 않고 연속선상에서 이해해왔다. 불교는 인간이 아무리 수행을 통해 연기(緣起)의 고리를 끊어낸다고 하더라도 근본적으로 모든 생명체와 무생물, 나아가 우주 전체가 상호 의존 관계에 묶여 서로의 원인이자 조건이 된다고 가르친다. 성리학에서도 사람 몸을 매개로 몸 안의 마음과 몸 밖의 자연이 서로 같은 인(仁)으로 교통하며 이어져 있다고 보았다.*

그러나 인간을 동물로 보는 서양 근대의 관점은, 인간을 자연의 일부로 보는 동양의 관점과는 완전히 다른 배경과 의미를 지닌다. 서양에서는 원래 고대 인문주의 철학과 중세 기독교 신학을 거치며 인간과 동물을 위계적으로 구분하는 이원론이 오랫동안 자리 잡아왔다. 인간의 본성은 이성의 힘으로 선을 행할 수 있는 이타성을 향하지만, 동물의 본능은 생존을 위한 욕망에 사로잡혀 악을 행하는 이기성에 충실할 뿐이라고 여겨온 것이다. 위계적 이원론은 인간 내부에서 이성과 감성, 정신과 육체를 분리함으로써, 정신성(본성)이 육체성(본능)을 지배하고 통제하게 하는 서양 전통의 윤리학을 정립하였다. 특히 이러한 이원론은 이성적 존

---

* 양명수, 《성명에서 생명으로》, 이화여대 출판부, 2012, 14쪽.

'이기적 동물'을 탓하지 마라

재로서의 인간이 동물과 자연계 일체에 지배권을 행사할 수 있는 우월한 존재라는 의식을 북돋우며, 근대 제국주의와 산업자본주의의 탄생에도 결정적으로 이바지했다.

하지만 엄밀하게 말해, 자연(동물)에 대한 지배와 착취는 더 많이 소유하려는 인간의 '동물적 본능'에서 말미암는다. 그러니 서구 근대의 자본주의 경제학은 이성의 선의지(善意志)를 통해 탐욕을 다스려야 한다고 가르치는 서양 전통의 윤리학과는 궁극적으로 양립할 수 없었다. '동물 인간'으로서 자기 본위의 욕망에 충실한 활동을 마음껏 펼쳐야 자본주의 경제가 성장할 수 있는데, 자기 욕망을 따르는 행위를 이기적이라며 도덕적 비난을 퍼붓는 세상에서는 사람들의 활동이 위축될 수밖에 없다.

이 와중에 인간을 '척색동물문 포유강 영장목'에 속하는 동물 중 하나로 구분하는 진화생물학의 탄생은 서구 지성사의 오랜 이원론적 인간 이해의 틀을 뒤흔들었다. 특히 "인간도 동물과 다르지 않다"라는 주장을 직관적으로 펼쳐온 이들에게 인간이 동물일 수밖에 없는 객관적 증거와 확실한 논리 체계를 제공했다. 결과적으로 인간과 동물의 존재론적 격차에 기초하여 '인간다움'을 정립하고 그 위에 인간 지성의 가치와 윤리적 실천 당위를 세워온 서양 전통과는 완전히 다른 관점이 사람들을 사로잡았다.

하지만 이때부터 거칠 것이 없어졌다. 이기적인 것을 부끄러워하지 않아도 되니 강자가 모든 것을 독식해도 되고 열등한 존재들을 쉽게 제거할 수도 있었다. 약한 존재나 고통받는 이들을 외면해도 되었다. 어차피 각자도생이다. 이 모든 행위가 단 하나의 이유만으로 옹호되는 시대가 도래한 것이다. '인간은 동물이다'라는 명제야말로 근대 이후 서양 사회뿐 아니라 자본주의가 이식된 모든 사회에서 발생하는 탐욕과 폭력, 전쟁 등의 원인을 설명하는 확실한 근거가 되었다.

물론 중세 사회에서도 인간은 탐욕을 부렸고 폭력이나 전쟁을 일으켰다. 그러나 그 시대에는 신이 주신 권위나 신의 이름으로 변명거리를 찾았다. 그리하여 참과 거짓, 선과 악을 구분할 수 있는 인간의 이성에 힘입어, 신이 주신 권위를 잘못 사용했다거나 신의 이름을 모독하는 행위였다는 반성으로 이어질 수 있었다. 하지만 이제는 다르다. '인간은 동물이다'라는 절대적 명제는 인간이 이기적으로 저지르는 모든 범죄와 악의 문제를 어떠한 죄책감도 없이 단박에 설명해냈다. 문제는 이렇게 간단한 설명 방식이 인간이 당하는 고통의 원인은 알려주지만, 그 고통을 결코 멈추게 할 수 없다는 데 있다. 이기심은 '동물 인간'에게서 절대로 지울 수 없는 '자연의 본능'으로 결정되었으며, 지울 수 없으니 막을 수도 없는 것이다. 이런 세상에서는 탐욕으로 가득 찬 사회에 대한 분석은 넘쳐나지만, 탐욕을 어떻게 멈출 수 있는지에 대한 고민은 사라진다. 사람들은 '어떻게 살아야 옳은가?'를 묻지 않고 '어떻게 살아남을 것인가?'에만 몰두한다.

희생적 이타성 vs. 합리적 이기성

오늘날 우리는 '인간은 동물이다'라는 말로 '인간은 이기적일 수밖에 없다'는 뜻을 우회적으로 표현하는 세상에 산다. 이런 세상에서는 이태석 신부나 장기려 박사의 삶을 보여준다 해도 아무 소용이 없다. 방법이 다를 뿐, 모두 살아남기 위해 경쟁적으로 펼치는 고도의 생존 전략으로 폄하될 뿐이다. 윤리학이 무기력해진 사회에서 '인간은 동물이다'라는 명제는 한없이 숭고하면서도 한없이 천박해질 수 있는 인간의 실존을 매우 납작하게 만든다. 물론 이렇게 된 데에는, 앞서 밝혔듯이 진화생물학의 탄생이 중요한 계기가 되었음을 부인할 수 없다. 그럼에도 진화생물학자들에게 모든 책임을 돌리는 것은 부당하다. 진화생물학, 특히 오늘날의 동물행동학 연구에 조금이나마 관심 있는 사람이라면 인간의 동물성을 핑계 삼아 자신의 이기적 행위를 변호하고자 하는 이들이 '이기적 동물'이라는 말을 얼마나 임의대로 차용하고 있는지 알 수 있다.

200여 년간의 진화생물학 연구 흐름을 보면, 동물의 이기성 연구는 이타성 연구와 뗄 수 없는 관계 속에서 발전해왔다. 다시 말해, '인간은 이기적 동물이다'라는 명제를 진화생물학자 누구도 부정하지 않지만, 한편 그들 중 상당수는 적정 수준의 이타성, 즉 '상호 호혜성'이 인간뿐 아니라 유인원, 나아가 상당히 많은 동·식물에게서 나타난다는 사실을 밝히려 노력했다.

이러한 시도는 적자생존에 따른 자연선택설을 주장한 찰스 다윈(Charles Robert Darwin)에게서 이미 시작되었다. 생식능력이 없는 암컷 벌(일벌)은 침을 쏘아 벌통 침입자를 쫓아내지만, 갈고리 모양의 침을 꽂는 순간 자신의 내장도 함께 빠져나가 죽는다. 인간 사회에도 전쟁 시에 국가를 지키기 위해 전사하는 군인들이 있다. 그들의 죽음을 두고 더 많은 보상을 얻기 위한 투자일 뿐이라고 폄하하기에는 그 희생이 너무 크고 돌이킬 수 없다. 일벌의 희생으로 여왕벌이 잘 살아남았다고 해도, 이미 죽은 일벌이 얻을 수 있는 것은 아무 것도 없다. 다윈은 이러한 희생이 무모하다고 보지 않았다. 일부 개체의 안타까운 희생은 결국 집단의 자연 적응력을 높여 종의 보존을 유리하게 한다. 다윈은 이 예를 들어 자연 선택에는 집단선택(group selection)이 이루어진다는 가설을 세웠다. 이는 자연환경 적합성을 놓고 경쟁하는 단위가 집단이기에 집단 내 다른 개체를 위한 희생으로서의 이타성이 종의 진화에 충분히 의미 있다는 주장이다.

다윈의 집단선택설은 1960년대 현대 생물학자들에 의해 거의 폐기되었다. 시대적 한계로 유전자 DNA 지식을 알 수 없던 다윈으로서는, 일벌이나 군인처럼 자신을 희생하는 개체의 행동에 대해 집단을 위한 이타성으로밖에 설명할 수 없었다. 그러나 DNA라는 유전형질 인자가 발견되면서, 진화를 가능하게 하는 단위가 집단이 아닌 개체 속 DNA라는 새로운 이론이 등장했다. 침입자와 싸우다 죽은 일벌의 행동이 집단의 관점에서 볼 때는 전체를 위한 이타성이지만, DNA 차원에서 볼 때는 이기성에서 나온 합리적 선택일 뿐이다. 일벌의 희생으로 살아남은 여왕벌에게도 그와 똑같은 DNA가 여전히 살아있다. 그러니 DNA 차원에서는 일벌 하나쯤 희생되더라도 충분히 복제 가능하며, 다음 세대에도 같은 DNA 복사본들이 살아남는다. 다윈에게는 이타성의 예시였던 것이 진화 단위를 바꾸고 보니 이기성을 설명하는 예시가 되었다. '유전자 이기주의'라고 명명된 이 새로운 관점을 대중화한 대표적인 현대 진화생물학자가 바로 리처드 도킨스(Richard Dawkins)이다.

'유전자 이기주의'는 자기희생 윤리에 반발하는 명분

도킨스의 《이기적 유전자》(The Selfish Gene)는 제목이 주는 강렬함 때문에 저자의 원래 의도보다 늘 과장되어 회자되는 책이다. 다행히 근래 들어 이 책의 내용이 "유전자 자체가 이기적이니 욕심껏 하고 싶은 대로 하며 살아라"가 아니라는 사실을 알려주는 TV 프로그램이나 강연을 쉽게 찾을 수 있다. 그가 하고 싶었던 말은, 유전자는 자기복제라는 이익에만 충실한 존재이므로 자기를 더 잘 복제하기 위해서는 다른 DNA와의 경쟁에서 결국 상호 협력을 선택할 수밖에 없다는 것이었다.

도킨스는 경제학에서 사용된 '죄수의 딜레마'(Prisoner's dilemma)라는 고전 게임이론을 차용한 카드 게임으로 이를 설명한다.* 상대방을 배신해야만 확률상 나에게 돌아올 이득이 커지는 카드 게임에서 참여자는 처음에는 배신을 택하고 높은 배당을 독차지한다. 그러나 게임이 계속되면서 배신에는 상대방의 보복이 따라온다는 것을 경험적으로 학습할 수밖에 없다. 그러니 게임이 끝없이 반복될 때에는 배신이 오히려 자기 이익을 감소시키게 된다. 게임의 미래에 대한 추정치를 길게 예상할수록 상대와의 협력과 상부상조가 자신에게도 훨씬 유리한 셈이다. 즉 도킨스가 이 책에서 하려는 이야기는, 유전자 이기주의에 충실한 생명체일수록 다른 유전자나 개체와 협력하는 것이 유전자 자기복제의 양과 기한을 늘리는 데 전략적으로 효과적인 선택이라는 점이었다. 유전자의 이기성을 인정하면서도, 상호 호혜주의를 진화생물학적으로 설명하는 이론 체계를 제시한 것이다. 물론 도킨스의 입장에서 볼 때, 상호 협력의 이타성은 유전자의 자기복제 안정성이 확보될 수 없는 지점에 도달하면 멈추게 된다. 다시 말해, 외형적으로는 상부상조의 나눔으로 보이나 손익분기점을 철저히 계산한 나눔이기에 실제로는 여전

---

* 리처드 도킨스, 《이기적 유전자》, 홍영남·이상임 옮김, 을유문화사, 2018, 382-383쪽.

기독시민교양을 위한 나눔 윤리학

히 투자나 교환일 수밖에 없는 것이다.

도킨스에게 생명체는 유전자가 자기복제를 위해 만든 '유전자 기계'일 뿐 개체로서 독립된 주체성을 지닌 존재가 아니다. 그는 왜 생명체들이 서로 무한히 경쟁하면서도 협력하며 살아가는지, 그 신비로운 생명 현상을 진화론적 관점에서 설명했을 뿐이다. '약자를 도와 공생하라'는 윤리적 당위는 그의 관심사가 아니다. 윤리적 가치 체계의 정점으로서 '신'이라는 존재를 인간 진화의 가공물로 깎아내리는 무신론적 진화생물학자에게, 상부상조라는 생존 방식은 유전자가 자기복제를 위해 만들어낸 간교한 생존 전략에 불과하다. 이런 이유에서 유전자 이기주의는 자기희생이라는 높은 수준의 윤리를 거추장스러워하는 현대인에게 가장 인용하기 좋은 변명거리를 제공한다. 딱 거기까지의 선행, 딱 그 정도의 윤리로 면피할 수 있게 하는 유용한 논리가 되는 것이다.

'이기적 동물들'의 이타주의적 진화

1990년대에 접어들면서 진화생물학계에는 또 다른 패러

다임이 나타났다. 바로《타인에게로: 이타 행동의 진화와 심리학》(Unto Others: The Evolution and Psychology of Unselfish Behavior)의 공동 저자인 데이비드 S. 윌슨(David Sloan Wilson)의 '다수준 선택설'(multilevel selection theory)이다. 윌슨은 1960-1970년대 진화생물학계를 장악한 개체선택설에 맞서는 대표적 학자로, 생명진화에서 자연선택의 단위는 단순히 '집단 아니면 개체'라는 양자택일 방식으로 결론 내릴 수는 없다고 주장했다. 사실 집단선택설과 개체선택설의 논쟁은 "집단을 위해서라면 자신을 희생하는 개체의 순수한 이타성이 가능하다"라는 주장과, "이타적 행위는 손익분기점에 따라 낮은 수준에서만 일어나기에 실제로는 이기성이나 마찬가지다"라는 주장의 대립이다. 신학과 철학에서 이어져온 성선설과 성악설의 오랜 대립처럼, 진화생물학 내부에서도 '동물 인간'을 포함한 생명체 본성에 대한 논의에서 이타성과 이기성 논쟁이 타협 불가능한 양자택일의 길에서 대치해왔다.

그런데 윌슨이 이러한 양자택일의 곤경을 지혜롭게 피해갈 수 있는 새로운 이론인 '다수준 선택설'을 제시한 것이다. 그는 진화에서 유전적 요소 외에도 자연선택을 가능하게 하는 요소가 다양하게 존재할 수 있음을 수학적 모형을

34

통해 논증한다. 예를 들어, 한 집단에 이타적인 개체와 이기적인 개체가 섞여있을 때, 생존력이 더 나은 이기적 개체가 더 많은 후손을 남길 게 뻔하다. 그러다 보면 이타적인 개체의 수는 점점 줄어들 수밖에 없고, 결국 후대에는 이기적인 개체가 넘쳐나는 집단이 될 것이다.

여기서 윌슨은 시야를 넓혀 집단 간 비교를 모형에 추가한다. 예를 들어, A 집단에는 이타적인 개체의 비율이 낮지만 B 집단에는 높다고 가정해보자. 이 경우, 집단을 위해 희생할 수 있는 개체가 많은 B 집단의 경쟁력이 A 집단보다 더 강할 수밖에 없기에, 자손 세대의 전체 수는 A 집단보다 훨씬 많이 늘어날 것이다. 물론 B 집단만 놓고 보면 이기적인 개체의 후손도 그만큼 늘어나겠지만, A 집단과 비교해 이타적인 개체의 후손도 그만큼 많이 늘어날 수밖에 없다.[*] 다시 말해, 집단 내부 경쟁에서는 이기적인 개체가 이기겠지만 집단 간 경쟁에서는 이타적 성향이 강한 집단이 이기적 성향이 강한 집단을 이긴다는 얘기가 된다.

이러한 이유에서 윌슨은 인간을 비롯해 집단생활을 하는

---

[*] 엘리엇 소버·데이비드 슬론 윌슨, 《타인에게로: 이타 행동의 진화와 심리학》, 설선혜·김민우 옮김, 서울대학교출판문화원, 2013, 26-27쪽.

동물들이 보상과 처벌을 통해 집단 전체를 위한 이타적 행동을 더 강화하는 생존양식을 발달시켰다고 본다. 즉 집단 내부의 이타주의를 어떻게 증폭(the amplification of altruism)시키느냐에* 따라 그 집단이 다른 집단보다 번성할 확률이 더 높아진다. 인간이 자연에 적응하여 진화해온 과정에도 단순히 유전적 형질만 작용한 것은 아니었다. 인간 집단은 사회규범과 문화의 진화를 통해 처벌과 보상 체계를 고도로 발전시켜 왔으며, 특히 구성원들로부터 자발적 이타주의를 북돋는 문화를 어떻게 만드느냐에 따라 번영의 정도를 달리해왔다.

언제까지 '이기적 동물'을 핑계 삼을 건가

'나눔 윤리'를 풀어가는 글에서 진화론을 길게 말해 독자를 혼란에 빠뜨렸을지도 모르겠다. 하지만 이렇게 설명하는 데에는 이유가 있다. 나눔을 윤리학적으로 설명하려면 인간의 이기성이 어떠한지 논해야 하는데, 현대인들 상당수가 진화

* 엘리엇 소버·데이비드 슬론 윌슨, 앞의 책, 175쪽.

기독시민교양을 위한 나눔 윤리학

생물학에서 말하는 동물 인간의 이기성 개념을 맹신하고 있기 때문이다. 문제는 너무나 많은 사람이 그런 편협하고 얄팍한 이해를 근거로 나눔을 실천할 수 없다고 주저 없이 말한다는 사실이다.

나눔에 참여하지 않거나 나눔의 순수성을 불신하는 이유가 인간을 이기적 동물로 규정하는 진화생물학의 주장을 맹신해서라면, 이제 달리 생각할 필요가 있다. 우리가 알고 있는 이기적 동물에 대한 이해는 너무 오래된 것이다. 오늘날 진화생물학 이론만으로도 '인간이 이기적임에도 이타적인 이유'를 충분히 댈 수 있다. 다시 말해 인간을 동물이라는 정체성에 매어놓고 봐도, 내 몫을 남과 나눠야 할 마땅한 이유를 어느 정도 찾을 수 있다.

우리말에 '금수만도 못한 놈'이라는 표현이 있다. 동물행동학자 프란스 드 발(Frans de Waal)의 생각을 빌려 해석하자면, 이 말은 우리가 동물에 대해 제대로 잘 알지 못한다는 반증일 수 있다. 이제 더는 인간이 잘못한 일을 얘기하면서 동물을 끌어들이지 말아야 한다. 이기적 욕심이라 한들, 일주일 치나 한 철 먹이 사냥에 만족하는 야생동물과 파국을 향해가는 인간의 탐욕을 비교하는 것은 세상에서 가장 염치없는 논리 비약이다.

데이비드 윌슨, 프란스 드 발, 제인 구달(Dame Jane Morris Goodall) 그리고 에드워드 윌슨(Edward Osborne Wilson)과 그의 제자 최재천 등 동물들의 이타성과 사회성 진화에 대해 따뜻한 시선으로 연구하는 진화생물학자들과 동물학자들이 점점 늘고 있다. 그들의 책을 읽다보면 아이러니하게도 윤리학자로서 자괴감이 든다. 생명의 근원을 진화론적 관점으로 탐구하는 책에서 인간 윤리의 기원을 추정하게 하는 데이터와 연구 자료들이 상당히 설득력 있게 제시되기 때문이다. 협력과 상호부조, 나아가 공존의 원리가 생명의 질서라면 그 자체로 윤리의 기원과 분리될 수 없다.

물론 그럼에도 인간의 이기성과 이타성의 핵심을 논하는 윤리학의 자리는 남아있다. 크기는 분명 작아졌지만 오히려 그만큼 중요해졌다. 진화생물학에서 논하는 집단을 위한 개체의 희생은, 집단 내부의 '약자'를 위한 나눔이나 사랑과는 질적으로 다르다. 윤리학은 집단 자체가 아니라 집단에서 배제당하고 차별받는 약자에게 집중한다. 집단의 생존과 번영에 기여도가 없거나 아예 손해를 끼치는 자들에게 집중하는 것이 윤리학의 본질이다. 또한 윤리학은 다른 대륙의 빈민, 난민, 성소수자, 외국인, 전염병자 등과 같이 '우리'의 경계선 바깥에 있는 낯선 존재들에 대해서도 궁극적 관심을 놓지 않는다. 이에 나눔 윤리학은 고유하게 집중하는 경계선 안팎의 언저리 존재들에 대한 나눔과 사랑에 관해 얘기하게 될 것이다. 그 이야기를 통해 우리는 '어떻게 살아야 옳은가?'라는 질문도 성찰할 수 있을 것이다.

02

나눔과 나누기:
사랑과 정의의 변증법

누군가 "빵 좀 나눠주실 수 있나요?" 하고 말한다면, 어떤 의미인지 바로 알아차릴 수 있을까? 아무 맥락 없이 들으면, 화자가 빵 주인에게 호의를 부탁하는 것인지, 빵에 대한 일정한 권리를 공유하고 있어서 자기 몫을 요청하는 것인지 쉽사리 알아차리기 힘들다. 서양 언어에서는 공유하고(share), 분할하고(divide), 주고(give), 쪼개는(split) 것이 저마다 다른 말이지만, 우리말에서는 모두 '나누다'라는 한 단어로 표현되기 때문이다. 아마도 근원적으로 '나눔'과 '나누기'의 경계가 상당히 모호한 한국인의 심성이 언어에 담겨 있는 게 아닌가 싶다.

나눔의 사랑, 나누기의 정의

'나눔'이 사랑의 영역이라면 '나누기'는 정의의 영역이다. 서로 관련성은 있지만 별개의 영역이다. 우리말은 이 둘이 '나누다'라는 한 단어에서 파생되다보니 말하는 이와 듣는 이 사이에 오해가 빈번하다. 당연히 줘야 할 몫을 주고도 마치 안 줘도 될 내 몫을 후하게 베푼 양 으스댈 때, 반대로 자기 몫까지 선의로 내어주었는데 받는 이가 그 가치를 몰라줄 때, 나누기와 나눔의 구별이 얼마나 모호한지 확인하게 된다. 나누기의 정치·경제 윤리학도, 나눔의 사랑 윤리학도 모두 빈약하기 짝이 없다.

서양의 역사는 어찌 보면 나눔의 호의를 소극적으로 기다리기보다는 나누기의 권리를 적극적으로 쟁취해온 역사라고 할 수 있다. 특히 서양 철학의 윤리학은 나눔과 다른 나누기의 본질을 해명하며 끊임없이 더 정의로운 나누기가 무엇인지 탐구해왔다고 해도 과언이 아니다. 감히 말하건대, 서양에서 이룩한 나누기의 정신과 기술의 진보는 서양의 또 다른 전통인 유대-그리스도교에 뿌리를 둔 '사랑의 윤리학' 혹은 '나눔 윤리학'과의 변증법적 대결 없이는 쉽게 이룰 수 없었다.

사랑에 바탕을 둔 나눔 정신을 배제한 채 몫을 잘 나누기만 논하는 정의 담론은, 결국 자기 몫을 우선적으로 지키는 논리로 치우치기 쉽다. 따라서 정의와 사랑의 관계를 구체적으로 성찰함으로써 '나누기를 무시한 나눔' 또는 '나눔을 모르는 나누기'의 한계를 짚어보는 것은 매우 중요한 일이다.

'나누기의 정의'를 논할 때 서양에서는 대부분 아리스토텔레스의 '분배정의' 개념에서부터 시작한다. 물론 분배정의가 그의 정의론 전부는 아니다. 아리스토텔레스는 정의를 크게 '법을 지켰는가'와 '공정한가'라는 두 카테고리로 구분한다. 학문적으로 첫 번째 잣대를 '보편적 정의', 두 번째 잣대를 '특수 정의'라고 학자들은 불러왔다. 나눔 윤리학이 관심 두는 분배정의는 특수 정의의 하위 카테고리로, 하나의 정치 공동체 안에서 '공공의 부'와 명예를 어떻게 공정하게 나누어 가질지에 대한 원칙을 다룬다.

주의해야 할 것은 여기서 말하는 공공의 부가 현대 국가에서 세수(稅收)를 통해 축적한 국가 재정과는 거리가 멀다는 사실이다. 그리스와 마케도니아, 페르시아 제국 간 전쟁이 활발하던 시절, 국가는 끊임없이 전쟁을 주도하여 식민지를 개척하고 공공의 재산을 늘려 시민들에게 나누어주는 든든한 뒷배 같은 존재였다. 그렇기에 아리스토텔레스의 분배정의 핵심에는 '국가가 새로운 식민지를 통해 얻은 부와 명예를 시민들에게 어떻게 나누어주는 것이 옳은가' 하는 물음이 담겨 있다.

서구 사회가 아리스토텔레스의 분배정의를 오랫동안 중요하게 언급해온 것은, 분배 과정에서 구성원 누구에게나 똑같이 나누어주는 산술적 평등주의를 지양했기 때문일 것이다. 아리스토텔레스는 "균등한 사람들이 균등하지 않게 받거나, 균등하지 않은 사람들이 균등한 몫을 차지하는 것"* 이야말로 분배정의를 깨뜨리는 정의롭지 못한 일이라고 주장했다. 이러한 상황에서는 분쟁과 불평이 생기기 때문이다. 따라서 옳은 분배란 똑같이 나누는 것이 아니라 '비례에 따라' 나누는 것이라고 그는 주장했다.

물론 비례 기준이 모든 사회에서 획일적일 수는 없다. 아리스토텔레스에 따르면, 민주정치에서는 자유를 가졌는지 아닌지에 따라, 과두정치에서는 얼마만큼의 부를 가졌는지 혹은 어떤 혈통을 가졌는지에 따라 비례 기준이 결정된다.

---

* 아리스토텔레스, 《니코마코스 윤리학/정치학/시학》, 손명현 옮김, 동서문화사, 2016, 109-110쪽.

나눔과 나누기: 사랑과 정의의 변증법

또한 귀족정치에서는 탁월성 여부가 비례 기준이 된다.* 즉 A와 B 두 사람이 있을 때, 그들이 속한 국가 공동체가 부여한 가치 기준에 따라 기여도를 평가받고 그 기여도의 비례에 따라 공공의 부에서 자기 몫을 나누어 갖는다. 기여도보다 지나치게 많이 받지도 적게 받지도 않는, 말 그대로 적당히 받는 상태가 분배정의가 잘 실행된 상태다. 이렇게 균형 잡힌 나누기 방식을 아리스토텔레스는 '기하학적 비례'에 따른 분배정의라고 했다.

기하학적 비례에 따른 분배정의는 많은 사람에게 명쾌함과 안도감을 준다. 국가의 권력 형태에 맞춰 정해진 가치 기준에 얼마나 기여했느냐에 따라 자기 몫을 당당히 받을 수 있을뿐더러, 기여를 많이 할수록 더 큰 몫으로 돌려받기 때문이다. 그러니 내 몫의 파이를 키우기 위해 공공의 부를 증대하는 일에 적극 참여하고 협력하려는 마음이 샘솟는 것은 당연하다.

그러나 아리스토텔레스가 말한 분배정의 개념을 오늘날 우리 사회에 필요한 '나누기의 정의'의 필요충분조건으로 온전히 받아들일 수는 없다. 그가 기하학적 비례에 따라 올

---

* W. D. 로스, 《아리스토텔레스》, 김진성 옮김, 세창출판사, 2016, 355쪽.

바르게 분배되어야 한다고 본 것은 주로 공공의 부였다. 현대적 의미에서 개인 또는 기업 소유의 사적 재산에 대한 조세정의 차원의 조정을 뜻하는 것은 아니었다. 고대 그리스 사회는 기본적으로 농토를 가진 자유민들이 가계의 대부분을 자급자족 구조로 감당하고 있었다. 물론 아고라 광장에 정기적으로 시장이 섰을 뿐 아니라 아시아 상인들과도 큰 규모의 무역이 이루어지긴 했다. 그러나 자급자족이든 상업이든 이미 사적 재산이 된 것은 분배정의가 관여할 영역이 아니었다. 실제로 《니코마코스 윤리학》(Nicomachean Ethics)에 보면, 시장의 상거래에서 필요한 정의는 분배정의가 아니라 상품의 값어치에 적절한 보상이 이뤄지는지를 판단하는 '교환정의'의 영역이다.

아리스토텔레스는 균등하지 않은 것들을 효과적으로 교환하기 위해 비교 가능한 단위로 환산하는 돈의 혁신적 기능을 최초로 언급한 철학자다. 그러나 그는 돈을 투자하여 얻은 엄청난 불로소득으로 사적 재산을 증식하는 현대 산업 사회의 자본주의에 대해서는 당연히 알지 못했다. 또한 토지를 소유한 가부장 남성만이 시민이 될 수 있었던 고대 그리스 사회에서 철학자는 가사노동이나 돌봄 같은 재생산 노동에 대가없이 기여하는 노예나 여성에 대한 착취를 '정의롭지 못하다'고 감히 생각할 수조차 없었을 것이다. 그러한 관점에서 볼 때, 고대 아리스토텔레스의 분배정의 개념을 산업과 시장을 통해 전 세계 시민들을 계급에 따라 위계 지으면서도 하나의 커다란 생계 공동체 안에 종속시키는 현대 자본주의 사회의 분배정의 기준으로 직접 사용하기에는 불충분하며 시대착오적이 되기 십상이다.

마르크스와 분배정의

다행인지 불행인지 몰라도, 인류는 근대 사회 이후 더는 소단위 자급자족으로는 살기 힘든 구조가 되었다. 대량생산의 산업 구조와 세계 금융자본주의 체제에서는 우리가 알고 있는 것보다 훨씬 더 긴밀히 연결된 거대 상호 경제 시스템 아래에서 살아간다. 남미 아마존 원주민의 터전을 짓밟고 키운 아보카도가 샐러드가 되어 유럽인들의 식탁에 올라가며, 서양 금융자본이 베트남 노동자의 손을 헐값에 빌려 생산한 백색 가전이 우리 생활을 안락하게 만든다. 이런 세상에서 나누기의 정의는 원래부터 공공 재산으로 귀속되었던 국가 재정을 어떻게 적절히 나눠 쓰느냐 하는 문제에만 머물 수 없다. 국경을 넘나들며 단기간에 천문학적으로 부를 늘리는 개인이나 기업에 대해 그들의 사적 재산이 정말 사적인 것인지 묻고 따지는 일이야말로 오늘날 가장 중요한 나누기 정의의 핵심이 되었다. 바로 그 시발점에 마르크스가 있다.

마르크스는 과거 냉전 체제에서 오랫동안 '폭력을 동원해서라도 산술적 평등주의를 실현하자고 부추기는 위험한 혁명가'로 폄하되거나 오해받았다. 그러나 그는 자본주의가 근본적으로 뿌리를 두고 있는 차별적 분배 시스템의 부정의를 폭로하며 노동가치를 경제학적으로 해명한 학자다. 자유주의자들은 가난한 노동자들에게 일자리를 '주는' 자본가의 투자 행위를 대가 없이 나누는 자선보다 현명한 도덕 행위라고 칭송하며, 노동자의 임금이 시장의 자율성에 따라 결정되는 것은 당연한 이치라고 가르쳤다. 특히 자본의 투자 수익이 노동임금보다 훨씬 더 큰 파이를 가져가는 것에 의심을 품지 못하도록 하였다.

그러나 마르크스는 아무리 자본가가 원자재인 밀가루를 구입해놓아도 그것을 빵으로 만들어내는 것은 자본이 아니라 결국 노동자의 노동일 수밖에 없음을 강조하였다. 잉여가치(이윤)는 자본 투자자가 아니라 노동자로부터 만들어진다는 점에 주목한 것이다. 그의 통찰은 노동자가 생산한 잉여가치 대부분이 투자와 사업수익이라는 명목 아래 자본 투자자들에 의해 합법적으로 독점되는 현실의 부당함을 드러냈다. 특히 노동자의 임금을 줄이면 줄일수록 기업과 자본 투자자들의 수익이 늘어나는 구조에서 어떻게 완전 자유노동시장 체계가 노동자의 임금 착취를 조장하는지 폭로하였다.

자유주의 체계에 익숙한 많은 이들은 왜 그것이 착취인지 반감을 가질 것이다. 잉여가치 독점의 권리는 위험부담이 있음에도 불구하고 투자하기로 한 투자자의 선택에 대한 정당한 대가로 여겨왔기 때문이다. 그러나 기업과 자본 투자자 우위의 자본주의 노동시장에서는 당장 생존이 급한 노동자들이 건강과 삶의 질을 포기할 수밖에 없는 낮은 임금을 받고도 노동 현장에 나갈 수밖에 없다. 물론 여전히 많은 이들이, 심지어 노동자들 상당수도 자본가가 자본을 투자하며 투자금 손해의 위험부담을 감내하듯 노동자는 노동을 투자하며 삶의 질 저하를 감내해야 한다고 생각하기에 그것이 왜 문제인지 이해조차 못할 수도 있다. 그러나 저임금 노동자가 잃은 건강과 행복이 경제가치로 환산될 수 있다면, 노동자는 손해 보는 장사를 한 것이다. 그가 건강과 행복을 손해 보면서까지 잃은 가치만큼 기업과 자본 투자자의 이윤이 증가하기 때문이다.

이러한 관점에서 노동임금과 자본수익을 통한 자유주의 시장의 정의로운 분배는 최소한 노동자의 건강과 인간다운 삶이 자본수익보다 우선 보장될 때 가능할 수 있다. 마르크스의 자본주의 비판이 없었다면, 정의로운 분배를 위한 최소한의 제도들, 즉 최저임금제나 노동자 상여금 제도, 다양한 노동복지, 노동자의 경영 참여 등과 같은 현대적 제도들이 탄생하지 못했을 것이다.

집단의 부 생산에 이바지하면서도 그에 합당한 몫을 보상받지 못할 때 나누기의 정의는 무너진다. 노동운동뿐 아니라 인종차별철폐운동이나 성평등운동 등 근현대에 발전한 인권운동들은 모두 약자나 소수자들의 피상적인 인권운동을 넘어섰다. 그것은 국가든 기업이든 가정이든, 한 집단의 부 생산에 기여하면서도 합당한 보상을 제대로 혹은 전혀 받지 못한 자들의 정당한 자기 몫 '나누기' 투쟁 역사이자, 기존의 낡은 분배 질서에서 배제되어온 이들의 몫을 새롭게 계산하는 '나누기' 정의(定義)의 개혁이었다.

그러나 자본에 대한 노동의 압도적 우위의 관점에서 생산수단의 공적 소유화와 프롤레타리아 계급 독재를 시도하던 마르크스-레닌주의는 20세기 후반에 들어 집단 구성원 모두가 만족할 만한 평등한 비례를 제도적으로 안착시키는 데 실패했다. 이를 두고 많은 사람들은, 집단 생산의 이익을 국가가 일괄적으로 국민에게 배분하는 방식이 인간 본성에 맞지 않기 때문이라고 했다. 다시 말해, 인간이란 공생의 협력 속에서도 경쟁을 통한 차등 성취가 보장되어야만 생산에 적극 참여하지, 그렇지 않으면 책임을 회피하려는 경향이 강하다는 것이다.

존 롤스의 분배정의

이러한 배경에서 미국의 세계적 정치철학자 존 롤스(John Rawls)의 정의론이 부각된다. 그도 아리스토텔레스처럼, 한 사회의 구성원들끼리 나누어야 할 분배 대상을 공적 재산에 한정한다. 롤스는 사적 재산으로 상징되는 경제적 자유가 어떤 상황에서도 침해받을 수 없다고 믿는 자유주의자이기 때문이다. 그런데 롤스의 논의는 현대 민주주의 국가의 조세 구조를 전제한 것이기에 국가의 부 자체가 최소한 공식적으로는 식민지의 노략물이 아닌 국민과 기업의 경제활동을 통해 합법적으로 발생한 세금이 중심이 된다. 즉 국가 구성원들이 각출한 사적 재산을 통해 공적인 부가 만들어지는 것이다.

산업 자유주의 시장 체제를 벗어나지 않는 롤스는 사적 재산 축적 과정에서 발생하는 사회·경제적 차별을 공적 부의 재분배를 통해 보완하는 것이 이 시대에 필요한 나누기라고 보았다. 그러면서 공산주의 같은 강제력 없이도 구성원들이 자발적으로 동의하는 자유와 평등의 원칙이어야만 정의라고 말할 수 있다고 생각했다. 하지만 각자 사적 재산과 능력, 의지가 천차만별인 현실에서 모두가 동의하는 분배정의 원칙을 결정하는 것은 결코 가능하지 않다. 이에 그는 현대에 접어들면서 다소 잊혔던 사회계약 이론을 내세우며 자유주의 사회 구성원 모두가 이성적으로 동의할 만한 분배정의의 원칙을 찾아내고자 고민한다.

우선 롤스는 구성원 모두에게 사회가 구성되기 전 '원초적 상태'를 상상하게 한다. 이 원초적 상태에서는 저마다 어떤 능력이나 재능을 가졌는지, 얼마나 부자인지, 어떤 계급인지, 어떤 인종이나 성별인지 전혀 알지 못한다. 그는 이를 '무지의 베일'(veil of ignorance)에 가려진 상태라 표현하면서 이러한 상황에서 공적인 부의 분배 원칙을 세우면, 구성원 모두가 적어도 다음 원칙에 자발적으로 합의할 수 있으리라 생각했다.

첫째, 누구나 평등한 기본 자유를 갖는다. 둘째, 사회·경제적 불평등은 두 가지 하위 조건이 보장되는 선에서 가능하다. 즉 공적인 부의 분배에서 사회적 약자의 이익이 최대치로 보장되는 조건, 그리고 직무와 직책 성취 과정에서 누구에게나 공평한 기회가 보장되는 조건이다. 여기서 롤스가 두 가지 하위 조건을 전제로 정의의 이름으로 불평등의 현실을 인정하는 이유는 (모든 자유주의자들처럼) 그래야만 생산성을 안전하게 계속 높일 수 있다고 믿었기 때문일 것이다.

무지의 베일에 가려진 원초적 상태의 구성원 모두가 이러한 분배정의 원칙에 어렵잖게 동의할 수 있으리라고 롤스가 확신한 이유는 무엇일까? 그는 구성원들이 베일을 벗을 경우 자신들의 경쟁력이 높은 상태여서 불평등 구조의 상층부를 차지하리라는 기대 심리 때문에 동의할 것이라고 생각하지 않았다. 거듭 강조하지만, 롤스는 철저하게 이성적인 설득으로 누구나 동의할 만한 분배정의 원칙을 찾고자 했다. 따라서 그는 공적 부의 최소 수혜자인 사회적 약자들에게 이익을 최대한 보장하는 방법이야말로 오히려 구성원 모두에게 유익한 일이라는 논리로 설득하고자 했다.

예를 들어, 슬럼가의 공립학교에 더 많은 국가 재정을 투입할수록 슬럼가 아이들이 건강한 사회인으로 성장하여 국가에 기여할 확률도 높아질 것이고 그만큼 국가 경제도 성장할 것이다. 그로 인해 공공의 부가 늘어나는 만큼, 부유하건 가난하건 구성원 모두가 나누어 갖게 될 몫도 커지게 될 것이다. 따라서 사회·경제적 약자에 대한 최대치의 이익 보장을 반대하는 것은 결과적으로 자기 손해를 높이는 어리석은 일이 된다. 만약 운이 좋아 베일을 벗은 뒤 자신이 약자 그룹이 아님을 알게 되더라도, 이 분배정의 원칙이 잘 적용되는 사회라면 자기 몫도 결국 비례하여 커질 확률이 높다. 즉 자신이 손해 볼 것을 예상하면서도 감내하는 도덕적 선의가 아니라 계산기를 두들기며 이성적으로 판단하는 사람들에게 롤스의 분배정의 원칙은 자발적으로 동의하며 따를 수 있는 합당한 것이 된다.

롤스의 논리는 시장경제 체제에 순응하는 사람들조차 수긍할 만큼 설득력 있다. 차등 분배에 대한 기대를 허용하는 동시에 약자에 대한 배려를 제도화하여 공적 부와 구성원 각자의 몫까지 확대할 수 있다니, 이런 일거양득의 논리가 어디 있겠는가. 그러나 이론은 이론일 뿐이다. 롤스가 아무리 합리적이고 설득력 있는 분배정의 원칙을 찾아냈다 하더라도 현실에서는 모두 자신이 이미 가진 것을 중심으로 계산한다. 절대 포기하거나 양보하기 싫은 것들 말이다.

그러니 그가 제시한 원칙이 가장 정의로운 원칙이라는 데 동의한다 해도, 현실 인간의 이기심을 완전히 무마할 수는 없다. 이성이 감성을, 합리(合理)가 이기(利己)를 결코 쉽게 이길 수 없는 것이다. 정의로운 나누기 원칙을 세우는 일은 이미 이룬 기여도와 미래의 기여 가능성에 대한 계산만으로는 쉽게 답을 찾을 수 없다. 자신의 기여도나 기여 가능성에 따른 충분한 보상을 바라는 인간의 마음은, 합리적 계산에 따른 결과보다는 요행에 따른 가능성에 더 넘어가기 쉽다. 나누기 정의를 나눔 윤리가 이끌어야 하는 이유가 바로 여기에 있다.

한국교회에 침투한 '자본주의식 나누기'

기독교는 이웃을 위해 자기 몫의 일부를 내어놓는 나눔 윤리를 실천하는 것이 복음의 본질이라고 가르쳐왔다. 이러한 가르침은 현재까지의 기여도나 미래의 기여 가능성에 따라 자기 몫을 따지기 좋아하는 세속의 나누기 정의와는 확연히 구별된다. 그런데 속을 들여다보면 꼭 그렇지도 않다. 세계

교회사에서 유례없는 속도로 성장한 한국 대형교회들의 재정 관리에는 자본주의식 상거래의 능란함이 숨어 있다. 굳이 부동산이나 여러 문화 사업을 통해 교회 재정을 증가시킨 사례들은 언급할 필요도 없다. 교회 성장을 일군 목회자들의 사례비나 은퇴금 수준을 일반 목회자들과 비교해보기만 해도, 한국교회의 부가 얼마나 자본주의식 능력과 기여도에 따라 분배되는지 알 수 있다.

물론 자본주의의 핵심이 사적 재산의 상속과 관련 있음도 잊어서는 안 된다. 그런 점에서 다수의 대형교회에서 벌어진 목회세습을 지나칠 수 없다. 이 문제에서 우리는, 한국 개신교회의 물적·인적 부가 목회자 개인의 능력으로 일군 사적 재산으로 여겨진다는 점 또한 단적으로 알 수 있다. 이처럼 한국교회는 겉으로는 이웃 사랑에서 시작하는 나눔 윤리를 강조하는 듯하지만, 이면에는 철저하게 개인의 능력과 부의 상속에 따라 몫을 따지는 자본주의식 나누기 정의가 작동하고 있다.

이렇다 보니 한국 개신교인의 상당수가 자본주의식 나누기 정의가 초래하는 사회·경제적 차별에 대한 마르크스나 롤스 같은 지식인들의 문제의식을 제대로 이해하지 못한다. 심지어 극단적인 반공주의에 휩쓸려 '기독교 복음은 원래부터 부자와 빈자의 차별 구조를 옹호한다'는 잘못된 인식을 공유하기까지 한다. 그 결과 한국 개신교 일각에서는 우리 사회에 만연한 사회·경제적 차별을 개선하기 위해 시도하는 정책을 두고 "북한과 중국 공산주의 지령을 받은 정부의 공산화 계략"이라는 황당한 거짓 뉴스를 퍼뜨리기도 한다.

인류사에서 나누기의 정의가 어떻게, 왜 진보해왔는지 이해하지 못하다 보니 한국교회 내부에는 부정의한 나누기가 넘쳐난다. 부교역자나 관리직원의 임금이 생계를 위협받는 수준에서 책정되기도 하고 노동법의 기본조차 지켜지지 않는 일도 속출한다. 교단 총회가 있고 총회장이 되기 위한 파벌 정치도 활발하지만, 가난한 교회 목회자들의 생존은 교단이나 총회장이 돌봐야 할 책임으로 여기지 않는다. 개교회의 재정과 생존은 각자 알아서 할 뿐이라는, 그릇된 의미의 개교회주의가 판친다.

교인들도 마찬가지다. 죽어서 천국 가는 복과 살아서 부자 되는 복만 신앙생활의 목적인 이들에게 교회는 경제 이익을 위한 인적 자원 구축의 사교장으로 전락한다. 자신이 장로나 권사, 집사임을 공공연히 내세우는 사업가들이 노동자의 임금을 착복하거나 부동산이나 주식으로 얻은 불로소득에 매겨지는 세금에는 분통을 터뜨리면서, 이를 십일조나 감사헌금으로 낼 때는 하나님의 은혜와 축복이라고 간증한다. 이러한 상황에서 교회와 개신교인들의 기부나 봉사는 가난한 자들을 향한 순진한 동정심이거나, 전도를 목적으로 한 투자로 변질된다. 이웃 사랑을 말하며 나눔을 강조하는 듯하지만, 여전히 자본주의식 나누기 원리에서 한 치도 벗어나지 못한 것이다.

정의를 키우는 사랑

서양을 대표하는 나누기 정의론자들은 모두 현재까지의 기여도나 미래의 기여 가능성을 기준으로 몫을 분배하는 방식을 탐구해왔다. 물론 큰 맥락에서 서구의 나누기 정의론은 기존 나누기 방식에서는 인정받지 못한 구성원들의 기여도를 찾아내 분배를 조정하는 방식으로 진보하기도 했다. 그런데도 결국 나누기 정의론의 역사에서 핵심은 '얼마나 기여하였는가?' 혹은 '얼마나 기여할 것인가?'라는 물음이 차지해왔다.

그러나 성서의 나눔 윤리는 몫을 대하는 관점이 근본적으로 다르다. 신명기와 레위기를 보면, 이스라엘 민족의 가나안 입성 초기에 분배한 토지가 세월에 따라 여러 합법적인 이유로 매매되었다 해도 희년이 되면 원소유주에게 되돌려줄 것을 명한다. 민족끼리 진 빚도 탕감해주고 빚 때문에 종이 된 자들도 해방하라고 명한다. 또한 추수할 때면 밭의 네 귀퉁이의 작물은 거둬들이지 말고 땅에 떨어진 낟알은 줍지 않는 방식으로 고아와 과부, 나그네의 몫을 남겨두라고 당부한다.

언뜻 보면 현재 한국교회에서 찾아볼 수 있는 기부나 자선과 비슷해 보이지만, 결정적으로 다른 점이 있다. 성서에 담긴 나눔 윤리는 결코 수혜자의 기여도나 기여 가능성에서 나눔의 동기와 이유를 찾지 않는다. 기여도에 따라 몫이 배정되는 나누기가 아니기 때문이다. 이스라엘이 애굽 종살이로부터 하나님의 '거저 베푸시는' 은혜로 풀려난 민족이라는 점에서 성서는 이스라엘 민족에게 나누기 정의에서 소외되거나 배제된 사람들의 생명과 삶에 공동 책임을 지라고 가르친다.

성서의 '돌아온 탕자 비유'(눅 15:11-32)에도 세상에서 통용되는 나누기 정의를 근본적으로 뒤흔드는 나눔 윤리의 핵심이 나타난다. 가정에 아무 기여도 하지 않고 자기 몫을 미리 받아서 탕진한 뒤 돌아온 동생을 위해 아버지가 잔치를 열자, 큰아들은 도무지 이해할 수 없었다. 그의 편에서 보면 이 잔치야말로 '정의롭지 않은' 나누기의 전형인 것이다. 물론 작은아들이 개과천선하여 가계를 위해 새롭게 기여하라는 의미에서 아버지가 잔치를 열었다고 볼 수도 있지만, 이는 아버지의 호의를 서구의 나누기 정의론 관점에 갇혀 좁게 해석하는 데 불과하다. 이 비유는 아버지가 아들이 돌아왔다는 이유만으로 기뻐하며 그를 아들의 자리에 복위함으로써, 성서가 일관되게 가르치는 '무조건적 나눔' 윤리의 핵심을 드러내는 것으로 보아야 한다.

물론 성서가 가르치는 나눔 윤리는 기여도에 따른 나누기의 정의를 함부로 폐기하지 않는다. 더 정확히 표현하면, 나누기의 정의를 확신하는 정의로운 사람들에게 질문을 던진다. 사랑을 배제한 정의, 나눔을 고려하지 않는 나누기가 유일한 분배 방식이 될 때, 아무리 노력해도 기여할 능력이나 기회를 얻지 못한 구성원들은 어떻게 하느냐고. 그렇게 '몫 없는 자'로 규정되는 이들은 어떻게 인간으로서 삶의 존엄을 보장받을 수 있느냐고. 그러므로 나눔과 나누기는 양자택일의 문제가 아니다. 나누기의 정의가 기여한 자들끼리 권리를 따지는 폐쇄성으로 정체될 때, 이웃 사랑의 나눔 윤리가 끼어들어 그들만의 '정당한' 폐쇄성에 문제를 제기해야 한다. 그리하여 앞의 질문에 진지하게 응답하는 사람들만이 '몫 없는 이들의 몫'까지 상상할 수 있는 더 높은 수준의 정의로 나아간다. 합리로도 이기지 못한 이기(利己)를 사랑으로 넘어서는 것이다.

세상을 향한 교회의 책임도 바로 여기에 있다. 세상 사람들이 저마다 제 몫을 따지며 투쟁할 때, 교회는 아무런 권리도 갖지 못해 소외된 사람들 편에서 그들 몫을 새롭게 만들어내는 창조 사역을 열어가야 한다. 교회의 사랑이 세상의 정의를 더 크게 키울 수 있고, 세상의 정의가 교회의 사랑을 현실적으로 실현할 수 있다. 이 둘은 서로 다르지만, 하나님의 공의 아래에서 협력해야 한다. 사랑 없는 정의는 결국 불공평을 은폐할 것이며, 정의 없는 사랑은 도덕적 우월감으로 변질되기 때문이다.

03

'불쌍함'의 신학:
빈곤 포르노그래피를 넘어서

빈곤 마케팅 근저에 깔린 수치심

'빈곤 포르노그래피'(poverty pornography)는 가난이나 재난, 질병, 장애 등으로 고통받는 이들의 상황을 일방적으로 편집하거나 여과 없이 전시해온 구호·자선단체들의 자극적인 '빈곤 마케팅'을 비판하는 신조어다. 기본적으로 기부자들의 동정심과 수치심에 의지하여 지갑을 더 많이 더 자주 열게 하는 것이 목표다. 문제는 이러한 과정에서 구호와 자선의 대상이 되는 사람들의 프라이버시와 존엄성이 훼손당한다는 것이다. 또한 이 사람들은 타인의 도움 없이는 고통에서 벗어날 수 없는 나약하고 무능력한 인간, 불쌍한 인간으로 낙인찍힌다. 도움을 받으면서도 그 도움 때문에 부지불식간에 마음과 영혼에 상처를 새기게 되는 모순된 상황이 발생하는 것이다.

아프리카 내전국 난민들은 긴급구호상자 한 박스를 얻기 위해 갈빗대가 드러난 제 아이의 나신을 카메라 앞에 내주고 만다. 아이의 사진에 장송곡 같은 음악이 덧입혀져 '하루에 1달러' '한 달 3만 원'이라는 이름의 빈곤 상품으로 팔리게 되겠지만, 당장 대안이 없다. 전쟁만 나지 않았더라도 제 자식의 벗은 몸이 가본 적도 없는 낯선 나라들의 TV 광고나 신문, 버스 정류장과 지하철 광고판에 몇 주, 몇 달, 몇 년씩 방송되고 전시되는 데 절대 동의하지 않았을 것이다. 이러한 부모의 마음을 아는지 모르는지, 이미지는 죽음의 문턱에서 고통받는 아이 모습에만 시선이 꽂히도록 철저하게 계산되어 정성껏 만들어진다. 어린 생명체에게 동정심을 더 쉽게 드러내는 영장류의 본능적 도덕을 자극하며 '선진국' 국민들의 지갑을 열기 위해서다.

수치심을 자극하는 빈곤 마케팅은 더 심각한 경우가 많다. 이 경우 너무 처참해서 더는 눈 뜨고 볼 수 없기에 일회성으로 즉시 기부 '처리'하고 그 상황을 모면하게 하는 방법이 주를 이룬다.

주말 밤 TV 구호 프로그램에는 중증 뇌병변장애로 와병

중인 성인 아들의 배변을 돕는 80세 노모의 형편이 소개되었다. 의도가 지나쳐 성인 아들의 벗은 하체와 오물을 뿌옇게 처리한 채 오롯이 방영하는 일이 발생하였다. 배변물을 혐오하는 인간의 본능에 기대어 노모의 상황을 단박에 드러내도록 구성한 이 장면에서 사람들은 단지 동정심만 느끼지 않는다. 보이는 자와 보는 자 모두의 민망함과 처참함이 자아내는 수치심이 눈앞의 끔찍한 비극을 어쨌든 빠르게 정리하여 '피하고픈' 마음을 불러일으킨다. 정리 방식에는 당장 채널을 돌리는 회피가 대부분일 것이다. 그러나 그들 중 몇 퍼센트만이라도 전화기를 들어 3천 원 기부에 동의한다면? 두 모자에게 긴급생활지원비 몇백만 원은 무난하게 지급할 수 있을 뿐 아니라 모금을 주도하는 구호단체의 운영 자금도 확보할 수 있다. 수치심을 잠깐만 참으면 수익이 있다.

빈곤 포르노그래피가 가리는 것

몇 년 전 '깔창 생리대'로 사회가 들썩이자, 여러 구호·자선 단체에서 앞다투어 '취약계층 청소녀를 위한 생리대 후원 모금 광고'를 광범위하게 펼쳤다. 그러나 많은 광고가 수치심을 자극하는 방식을 벗어나지 못했다. 월경은 여성의 생리현상이지만, 옛 인류는 이에 대한 지식이 부족했다. '피 흘리는' 여성을 부정과 불결의 상징으로 인식하여 집 안에 가두거나 마을에서 추방하는 여성 혐오 문화를 악습으로 전수했다. 월경 기피와 혐오가 여전히 남아있는 사회에서 생리혈은 썩은 피나 불결한 피, 역겨운 냄새를 상징하므로 새하얀 생리대에 은밀하게 담아 아무도 모르게 처리해야 하는 것으로 여겨진다.

이러한 배경에서 '깔창을 생리대 대용으로 사용하는 가난한 청소녀가 있다'는 확인되지 않은 증언은 돈이 없어 제대로 먹지 못하고 굶는 청소년의 이야기보다 사람들의 지갑을 여는 데 훨씬 효과적이었다. 안 그래도 불결한 피를 더 불결한 신발 깔창에 담아내는 아이가 OECD 가입국이자 GDP 세계 12위의 대한민국에 존재한다니. 이는 단순히 불쌍한 것이 아니라, 수치스러운 일로 받아들여지는 것이다.*

모금을 가장 빠르게, 많이 하기 위한 방법은 동정심과 수치심을 최대한 자극하는 것이다. 이는 당장 도움을 받기 위

---

* 깔창 생리대와 수치심에 대한 통찰은 다음 논문의 도움을 받았다. 김양희, "또 하나의 빈곤 포르노그래피: 소녀와 생리대", 〈여성연구〉, Vol. 104 No.1, 2020, 5-28쪽.

해 삶과 죽음의 기로에 선 아이 몸을 매체에 담아 전 세계에 노출시켜야 하는 부모의 비참함을 무시하기 쉽다. 몸을 일으킬 수 없는 자신을 돌보느라 평생 고생한 노모에게 조금이라도 도움이 된다면 자신의 하체와 배변물이 카메라에 담겨 방영되는 수치를 참아보겠노라는 장애인 아들의 비극이 대수롭지 않게 다뤄진다. 한 달 만 원이면 될 생리대를 구입하지 못해 전전긍긍하는 소녀들의 애달픈 상황이 불결한 깔창 이야기로 변질되기도 한다. 이들은 불쌍할 뿐 아니라 불결한 여성이란 이미지까지 얻게 되었지만 사람들은 생리대를 무상으로 줄 수 있게 되어 다행이라고만 생각한다.

빈곤 포르노그래피 문제는 단순히 수혜자들의 프라이버시와 존엄성 훼손에만 있지 않다. 아프리카 내전국 아이들의 헐벗은 몸을 전시하는 구호 광고는 이들을 비극으로 내몬 전쟁이 근대 제국주의와 신자유주의 경제 식민지 역사의 어느 맥락에서 발생했는지에 관한 질문을 억압한다. 뇌병변 장애 아들과 여든 노모의 경우, 국민의 생명권과 행복추구권을 보장하는 헌법에 따라 장애인과 그 가족을 위한 복지 재정과 제도 마련을 위해 적극적으로 의무를 수행해야 할 정부의 책임을 따지는 일에도 비켜나 있다. 전 국민의 50퍼센트가 사용 중이거나 사용하게 될 생필품인 생리대는 우리보다 물가가 비싼 미국이나 일본에 비해 약 41퍼센트나 비싸지만, 생리대 업계의 독과점에 대한 법적 규제 권한을 우리 정부나 공정거래위원회가 갖지 못했다는 사실이 쉽게 공론화되지 않는다. 즉 정의롭지 않거나 불공정한 구조를 개선하고 취약계층이나 소수자들의 권리를 보장하는 사회제도를 개혁하는 일이 직접 자선을 베푸는 일보다 우선 해결하는 방법이라는 사실을, 빈곤 포르노그래피에 기댄 구호·자선 마케팅은 상습적으로 피해간다.

제도 개선만으로 모든 것이 해결될 것인가

이러한 가운데 빈곤과 고통의 문제를 다른 관점에서 바라보는 단체들이 생겨났다. 대표적으로 미국의 장애인권리단체인 ADAPT는 1980년대 미국 전역에서 장애인 대중교통 이동권을 주장하며 지방정부와 법원 앞에서 각종 시위를 주도하고, 지하철과 버스 운행까지 지연시키는 과감한 시위를 펼치며 '배리어 프리'(barrier-free) 사회, 즉 장애인의 활동을 가로막는 장벽이 없는 사회로의 변혁을 요청했다. 이 단체는 "Piss on Pity"(동정심에 오줌을!)라는 슬로건을 내세웠다.

장애인들에게 필요한 것은 동정심에서 나온 자선이 아니라, 평등권을 보장하는 사회제도와 물리적 여건의 개혁이라는 얘기다. 시민사회의 자선이나 나눔 문화로 문제를 해결하기보다 사회 정의의 관점에서 모든 취약계층과 사회적 약자에 대해 '국가책임주의'를* 주장하거나, 누구나 국가의 보호 속에서 보편 복지의 혜택을 받는 '복지국가 건설'을 지향하는 관점이 탄생한 것이다.

현실에서 이웃 사랑은 이웃 사랑의 대상인 소수자와 약자를 불쌍히 여기는 '동정심'이라는 감정과 쉽사리 분리되지 않는다. 따라서 확실하게 그들의 생존과 삶을 지켜낼 수 있는 권리 운동이나 정의로운 제도를 마련하는 것이 더 효과적인 방법임이 틀림없다. '주는 이'와 '받는 이' 사이의 도덕적 위계를 피하기 위해서라도, 누구나 각자 상황에 따라 공정하게 국가 재정에 이바지할 의무를 부여받으면서 동시에 헌법이 보장한 권리에 따라 차별 없이 복지를 누릴 수 있도록 사회구조를 계획하는 것이 더 쉬울 수 있다는 말이다.

그러나 이쯤에서 중요한 질문을 다시 던질 수밖에 없다. 어려움에 처한 이웃을 위해 우리가 할 수 있는 일이 다양한

---

* 조한진, "동정심은 그만, 당신의 시각부터 바꿔라", 〈월간 말〉, 2005. 10, 111쪽.

'불쌍함'의 신학 : 빈곤 포르노그래피를 넘어서

소수자와 약자의 권리 운동에 참여하거나 정의로운 사회제도, 소위 진보적 제도들을 만드는 일을 지지하는 것만으로 충분할까? 다시 말해, 이제 우리 시대는 미약한 사랑 대신 정의에만 집중하면 모든 일이 해결되는 시대가 되었냐는 말이다.

예수의 언어 세계에서 만나는 '불쌍함'

이 문제를 짚어보기 위해 동정심의 핵심인 '불쌍함'이라는 말을 들여다보자. 불쌍함에 대해 어떻게 생각하느냐는 질문에 중학생 딸은 "모순적이지만 내가 남에게 품으면 좋은 건데, 남이 내게 품으면 기분 나쁜 생각"이라고 답했다. 그도 그럴 것이 '불쌍하다'라는 우리말 유의어를 분석한 한 논문에 따르면, '가련하다' '가엾다' '딱하다' '안쓰럽다' '안타깝다' '애처롭다' '측은하다'라는 일곱 개 유의어로 표현된다. 기본적으로 갖추어야 할 조건이 부족하거나, 반드시 있어야 할 것이 없는 상태에 처한 이에게 주체나 화자가 느끼는 동정심을 나타내는 표현이라는 것이다.* 즉 지목되는 대상에

---

* 최홍열, "'불쌍하다' 유의어의 의미고찰", 〈한국어 의미학〉 17, 한국어의미학회,

비해 문장의 주체나 화자가 기본 조건을 더 갖추고 있거나 우월함을 암묵적으로 전제할 때 불쌍함이라는 말이 성립된다.

언어행위이론으로 분석해보면, 누군가를 '불쌍하다'라고 발화행위를 표현하는 순간에 아무리 그를 도와주고 싶은 발화자의 선한 의도가 먼저 있고 실제로 발화수반행위로서 도움의 약속이 지켜진다고 해도, '불쌍하다고 말하는 사람'과 '불쌍하다고 지목되는 사람' 간의 보이지 않던 수직적 관계가 발화효과행위로서 비로소 가시화되거나, 실제로는 없던 관계가 수직적으로 새롭게 맺어지게 된다. 이러한 언어 환경에서 '불쌍한' 대상에게 쏟는 나눔은 적어도 '나보다는 못한 상태'까지만 돕는 수준의 '시혜적 나눔'에 머물기 쉽다.

하지만 예수의 언어 세계에서 불쌍함이란 말은 우리말 일곱 개의 유의어 모두를 사용한다고 해도 온전히 표현해낼 수 없다. 먼저 복음서에서 '불쌍히 여기다'라는 말은 예수가 도움의 대상에게 주로 하는 말이 아니라, 오히려 도움이 필요한 사람들이 예수께 도움을 요청하는 말로 먼저 발화되었다. 시각장애인이 예수를 따라오며 "다윗의 자손이여, 우리

2005. 8., 98쪽.

'불쌍함'의 신학 : 빈곤 포르노그래피를 넘어서

를 불쌍히 여기소서"(마 9:27, 20:31) 하고 외치거나, 귀신 들린 딸을 고쳐달라 요청하는 여인이 "다윗의 자손이여, 나를 불쌍히 여기소서"(마 15:22) 하고 호소하는 예가 대표적이다.

그런데 도움을 구하는 쪽에서 스스로 불쌍함을 인정하는 일은 자기 존재를 비하하거나 무능력한 자로 낙인찍는 자포자기 상태가 아니다. 눈이 보이지 않으면 보이지 않는다고 인정하고, 딸이 병에 걸렸으면 걸렸다고 인정할 뿐이다. 그리고 바로 그러한 자기 인지 속에서 예수께 도움을 청하는 내용이 명확해진다. '우리를 불쌍히 여겨 도움을 달라'는 요청 자체가 스스로의 삶을 변혁하겠다는 결단을 상징한다. 자포자기 상황에서도 자신의 존엄성을 포기하지 않겠다는 강한 의지도 나타낸다. 그래서 이들의 태도는 간절하기는 해도 결코 비굴하지 않다. 복음서는 도움을 요청하는 이가 주체적으로 도움을 주도하는 방식이 얼마나 중요하고 의미있는 일인지, 자신을 '불쌍히 여겨달라'고 예수께 울부짖은 자들을 통해 보여주고 있다.

바로 이 점을 인식하지 못한다면 가나안 수로보니게 여인의 간절한 요청에 "나는 이스라엘 집의 잃어버린 양 외에는 다른 데로 보내심을 받지 아니하였노라"(마 15:24)라고 인색하게 말하는 예수의 첫 대답을 제대로 이해하기 힘들다.

예수가 여인의 믿음을 시험하기 위해 그랬다는 기존 설명은 예수의 매정함의 강도가 지나치기에 변증을 위한 변증으로만 비춰질 뿐이다. 실제로 가나안 여인에 대한 배척은 사마리아 선교를 통해 스스로 정결법을 넘어선 예수의 선교 사역과 근본적으로 대립하기에 신학적으로 말끔한 해석이 어려운 본문이다. 하지만 이제 이 사건은 도움을 매개로 만나는 양자 관계가 한쪽의 시혜로 이뤄지는 위계적 관계가 아니라, 도움이 필요한 사람의 적극적인 요청과 그 요청에 응답하는 상호 관계의 모델을 보여주는 예로서 제대로 읽힐 수 있게 되었다.

많은 경우 우리는 누군가의 삶을 보며 그에게 무엇이 결핍되었으니 불편할 것이라고 먼저 판단하고, 그 결핍을 채워주기 위해 지출하는 것을 아까워하지 않는다. 그러나 이런 방식의 자선이나 구호는 대부분 도움받는 이들의 주체적 자립을 방해한다. 수혜자의 자기 인정과 필요에 관한 판단이 우선 고려되는 나눔 관계 속에서는 불쌍함이 동정심이나 수치심에 매이는 하위 감정일 수 없다. 이때의 불쌍함은 도움을 요청하는 사람이 자기 문제에 스스로 직면하고 변화를 향해 자립 의지를 천명하는 첫 주체적 감정일 수 있다.

선한 사마리아인을 지우는 '제도 만능주의'

예수의 언어 세계에서 불쌍함이라는 말은 또 다른 차원을 보여준다. 예수는 그들 스스로 '불쌍하다'고 외치는 자들과 함께 이야기를 나누고, 아픈 몸을 쓰다듬으며, 음식을 같이 먹는 참여의 삶을 보여주었다. 즉 예수가 느낀 불쌍함의 감정은 문제를 해결해주는 마술사가 되게 하기보다 그들의 아픔과 고통을 함께 느끼는(com-passion) 연민의 삶을 공생애 내내 살아가게 하였다.

불쌍함을 동정심이나 수치심을 일으키는 부정적 감정으로만 이해하면 어떻게 될까? 타인의 고통에 깊이 응답하여 삶의 일부를 공유하며 이웃으로 동행하기로 결단하는 '선한 사마리아인'이 사라지게 된다. 현대 프랑스 철학의 대표 학자이자 유럽에서 보기 드문 개신교 지성인인 폴 리쾨르(Paul Ricoeur)의 관점에서 보면, 선한 사마리아인이 강도 만난 자의 치료를 부탁한 '여관'은 오늘날 현대 국가에서 취약계층을 지원하는 복지제도와 기관으로 해석할 수 있다. 제도로서의 복지는 취약계층에게 도움을 요청할 기본 권리를 부여하고, 부끄러움이나 수치심이 덜한 상태로 도움받을 수 있게 한다. 기본적으로 현대 복지국가는 다양한 사회 존재들의 충돌하는 이익을 중재하며 과거 자선이나 구호로 이루어졌던 빈민구제나 교육, 의료봉사를 좀 더 안정적인 복지제도로 발전시켜 취약계층의 인간다운 삶이 권리 차원에서 지켜질 수 있도록 한다. 그래서 리쾨르는 어느 철학자보다도 현대 복지국가의 의미를 높이 평가한다. 취약계층을 돕는 공적 제도가 넘쳐나는 사회에서 도움의 기술은 선진적으로 발전할 수 있기 때문이다.

그러나 리쾨르는 현대 복지국가에 대한 지나친 낙관이 실제로 도움이 필요한 이들을 잡아주고 일상의 말을 건네며 친구가 되어줄 사람을 사라지게 할 수도 있다고 경고하였다. 어려운 사람을 돕는 공적 제도와 기관이 아무리 많이 존재한다 해도 그의 어려움을 기민하게 포착할 수 있는 일상의 이웃과 친구가 없다면 대부분의 공적 서비스는 무용지물이 되기 쉽다. 우리가 취약계층의 자살이나 고독사에 놀라고 가슴 아파하는 이유는 제도가 없어서가 아닐 때가 많다. 제도가 갖춰져 있음에도 그 제도에 가닿도록 도와주는 사람이 주변에 없었기 때문이다. 현대 복지국가의 시민들은 친구가 될 의무, 이웃이 될 의무를 모두 전문 사회복지사에게 미루고, 타자에 대해 불쌍함이나 연민을 품지 않는 평정 상태를 최상으로 자부한다.

예수가 갈릴리-유대 민중을 향해 품은 불쌍함의 본질은, 오른손으로는 구제와 자선을 일으키면서도 왼손에는 그 일을 은밀히 숨기라는(마 6:3) 그의 가르침에 담겨있다. 예수가 보여준 '값없이 주는' 도움에는 도움을 주고받음이 만들어내는 위계 구도에 대한 경계와 저항이 끊임없이 작동한다. 그래서 예수가 품은 불쌍함의 마음은 타인을 위하는 듯하나 실은 깔보고 싶어 하는 우리네 못된 심보인 동정심과 같지 않다.

고통받는 이웃의 문제를 해결하기 위해서는 돈이 필요하다. 구호·자선기관에 성금도 넉넉히 들어와야 하고, 국가의 재정 지출도 많아야 한다. 그러나 불쌍함의 신학으로 다시 이 문제를 보면, 근본 문제는 돈이 어디서 오느냐가 아닐 수 있다. 고통받는 이웃이 필요로 하는 것은 돈만 있으면 해결될 것처럼 보이지만, 실제로 결핍이나 부재가 그들에게 준 고통은 사회로부터의 차별과 소외 때문인 경우가 더 많다. 하나님 나라에나 있을 법한 복지를 인간의 제도로 갖춘 서구의 최상위 복지국가들이 하나님 나라의 완전한 임재를 찾지 못하고 좌절에 빠지는 일을 되풀이하는 것도 바로 그런 이유 때문이다.

서로 참여하는 '불쌍함의 사랑'

그렇다면 예수가 품은 '불쌍함의 마음'을 어떻게 우리도 품을 수 있을까? 이 질문에 답하기 전에, 자칭 나눔 이론 전문가로서 이 글을 쓰고 있는 나의 위선을 먼저 고백한다. 그러나 위선은 개인 문제만이 아니다. 누구나 자신의 마음을 들여다보면 불쌍한 감정의 격동을 찾아낼 수 있다. 그 보편성을 전제로 나의 위선을 고백한다.

젊은 나이에 겪은 특정 질병 때문에 신체와 지적 능력 일부가 손상된 분을 안다. 젊은 날 그 누구보다 깔끔했던 분이지만, 그러한 모습은 옛 추억으로나 남아있을 뿐이다. 그런데 그분이 틈만 나면 나를 도와주겠다고 나선다. 특히 청소를 해주겠다고 하실 때가 많은데, 내 못된 심보에서 볼 때는 그의 미숙한 청소가 오히려 방해될 때가 많다. 그래서 나는 내가 계획한 방식과 시간을 침해받지 않고자, 그에게 도와주지 않아도 되고 가만히 쉬면 된다며 '가짜' 친절을 베푼다. 그를 내 도움의 수혜자로 계속 묶어두면서도, 그가 나에게 도움을 주는 존재가 되고 싶다는 마음은 차단하는 것이다.

그러나 예수라면 그렇게 하지 않았을 것이다. 예수가 품은 불쌍함의 마음이 타자의 삶에 대한 참여와 분리될 수 없을 때, 그 말은 타자도 내 삶에 참여하는 것을 환대한다는 뜻이다. 그러므로 참여란 일방적인 돌봄이 아니라 '함께 살아가는' 관계로 키워간다는 말이다. 이러한 관계가 탄탄한 공동체에서는 누가 봐도 명백하게 도움을 필요로 하는 사람들도 나름의 제 역할로 이웃에게 도움이 되는 자리에 서게 한다. 비록 손동작이 서투르고 일을 판단하는 지적 능력이 부족하더라도, 서투름과 부족함을 이유로 모든 일을 대신해주는 과잉 친절이 존재하지 않는다. 서투르면 보조해주고 느리면 기다려주는 사람들이 뒷배가 되어준다.

물론 이 과정에서도 서로 마음이 맞지 않아 투정도 부리고, 간섭도 하고, 갈등도 발생하겠지만, 그러한 공동체에는 모든 사람에게 자기 자리가 있고 그 자리를 만들기 위해 곁을 내주는 사람들이 존재한다. 국가가 장애인이나 병자, 가난한 자들을 물질적으로 돕는 제도를 담당하는 사회에서 오늘날 교회가 감당할 몫이 바로 이러한 일이라 생각한다. 도움의 대상으로 낙인찍힌 사람들이 서툴지만 자기 존재의 의미와 역할을 찾고, 특별하게 배려받아야 할 수혜자가 아니라 생활 공동체의 일원으로 참여할 수 있도록 곁을 내주는 일, 그것이 바로 교회가 할 일이며 그리스도인들이 할 일이다. 그리고 이러한 상호 참여의 경험이 많아져야 자극적인

76

빈곤 마케팅의 호객 행위 없이도, 아프리카 대륙에서 일어나는 재해와 빈곤 피해자들과 전쟁 난민들의 고통에 관심을 두고 꾸준히, 겸손하게 응답할 수 있는 고통의 감수성과 구호 체계를 키울 수 있다.

그러나 불행하게도 일군의 사회 계층이 큰 무리를 지어 교세를 이루는 도시의 대형교회에는 상호 참여의 기회가 없다. 교회야말로 '이웃 사랑'이라는 말로 취약계층과 사회적 약자에 대한 도움을 일방적으로 구조화하여 예수가 품은 '불쌍함의 마음'을 동정심이나 수치심으로 변질시키는 장소가 되고 말았다. 특히 성소수자나 이슬람 난민에 대한 반감에서 볼 수 있듯, 교회는 도움이 필요한 이들을 취사선택하는 방식을 통해 '내 몸과 같이 사랑해야 할 이웃이 누구인지'를 물으며 예수를 시험하는 율법교사의 과오를 반복하고 있다(눅 10:27-29). 돕고 싶은 대상만 돕는 교회의 구제와 봉사 사역에서 그 어떤 구호·자선기관보다도 빈곤 포르노그래피가 많이 사용된다. 이런 교회에는 갑자기 사고로 장애를 입은 사람이, 자살로 가족을 잃은 사람이, 학비가 없어 대학에 진학하지 못하고 생활 전선에 뛰어든 사람이 자신의 자리를 찾기 힘들다. 겉도는 사람이 많은 곳, 그곳이 오늘날 한국교회다.

77

이 장을 마무리하면서 미켈란젤로의 조각상 〈피에타〉, 마리아가 죽은 아들의 몸을 안고 처연하게 '주여, 불쌍히 여기소서'를 읊조리는 장면을 생각한다. 이 위대한 작품은 '불쌍함'이 특정한 삶의 조건을 누리는 데 필요한 재화나 건강, 명예가 결핍되어서 오는 것이 아님을 형상화했다. 이 모자의 상황에서 불쌍함의 본질은 사람들의 배신과 버림받음, 인간과 하나님의 단절을 상징하는 죽음의 고통에 있다. 〈피에타〉에서 '불쌍히 여겨달라'고 하나님께 요청하는 일은 인간 실존의 본질이다. 불쌍함은 특정한 취약계층에 대한 특별한 마음이 아니다. 하나님이 사람 모두에게, 사람이 이웃 누구에게나 품을 수 있는 근원적 감정으로 '불쌍히 여기는 마음'이다. 불쌍함은 신학적으로 언제나 사랑으로 귀결된다. 이제 불쌍함의 사랑이 우리에게 다시 필요한 때가 되었다.

'선물 경제' 대안론과 '선물의 불가능성'

변화하는 나눔 문화

요즘 자신이 개신교인이라는 사실을 부끄럽게 여기는 이들이 많이 늘어났다. 하지만 내심 억울하다고 느끼는 이도 적지 않다. 사실 따지고 보면 빈민구제, 의료, 교육 등 사회봉사 전 분야에서 개신교만큼 노력해온 종교도 없는데, 태극기집회와 코로나19 관련하여 부정적인 모습만 언론에 강조되는 것 같기 때문이다. 예전 조사이긴 하나 〈서울 사회복지시설 편람〉에 따르면,* 2008년 기준 서울시에서 운영하는 무료급식 사업만 놓고 보아도 다른 종교에 비해 개신교가

---

* 〈서울 사회복지시설 편람〉, 정우문화사, 2008, 1032쪽.

월등히 많이 참여하고 있다(개신교 23개, 가톨릭 11개, 불교 2개, 비종교 단체 2개). 무료급식 사업뿐 아니라, 노숙인 쉼터와 노숙인 상담센터 등 긴급한 지원 사업에서도 개신교단체의 활동이 다른 종교에 비해 활발하다.

그러나 아이러니하게도 개신교의 사회봉사에 대한 대중의 시선은 오히려 더 싸늘해지고 있다. 노숙인 봉사를 선교수단으로 이용하거나 정부의 사회복지 예산 따먹기라는 비즈니스 영역으로 여기는 일부 개신교인들의 행태가 많이 알려져서 그럴 것이다. 물론 어떤 이들은 그것이 선교 목적이든 복지 영역이든 노숙인을 그 어느 종교보다 개신교가 활발하게 돕고 있다는 사실만으로도 높이 평가해야 한다고 주장한다. 이리저리 핑계를 대며 돕는 일에 주저하는 사이에 굶거나 잠자리가 없어 고통받는 것은 결국 노숙인들이기 때문이다.

안 돕는 것보다 돕는 것이 낫다는 말은 당연한 소리다. 그러나 이제 우리는 한 끼 식사를 제공하는 것만으로, 배움의 자리를 마련해주는 것만으로 고마워서 머리를 조아리는 절대 빈곤의 시대는 벗어났다. 심지어 지구 저편에서 여전히 절대 빈곤에 시달리는 사람들이라 해도 머리 조아리게 하며 구제 사업을 펼치는 일을 더는 용납하지 않는 시대에 살고 있다. 2013년 노르웨이 대학생들이 만든 'Radi-Aid'라는 단체는 아프리카 일부 국가의 빈민들이나 전쟁 지역 난민을 대상으로 활동하는 국제 구호단체들의 후원 모집 광고들을 추천받아 '올해 최악의 광고상'을 온라인 투표로 선정하는 재치 발랄한 활동을 통해 국제 구호의 오만한 민낯을 드러냈다(단체 홈페이지 radiaid.com). 실제로 이러한 활동들은 최근 몇 년간 국제 구호단체들의 후원 모집 광고 변화에 영향을 끼치며 새로운 나눔 활동의 글로벌스탠더드를 만들어내고 있다.

한마디로 나눔 문화가 변하고 있다. 그러나 안타깝게도 한국교회는 그 변화를 주도하지 못할 뿐 아니라, 변화 자체를 눈치채지도 못하는 듯하다. 냉철하게 말하자면, 그 변화의 저변에는 기독교의 이웃 사랑이 아니라, 지난 30여 년간 서양 지성사에서 쌓아올린 '선물'에 대한 비판적 철학 담론이 작용하고 있다고 해야 옳다. 그나마 기독교인으로서 반가운 것은, 서구 지성인들의 새로운 선물 담론 가운데는 근본적으로 성서의 가르침인 하나님의 '값없이 주시는' 은혜와 접점을 이루는 부분이 있다는 점이다.

자본주의의 대안으로 부각된 '선물론'

선물은 우리 일상생활에서 빈번하게 주고받는 사사롭고 사소한 일인 경우가 많다. 그러나 이 작은 행위에서 서구 지성인들은 근현대 사회의 모든 악의 근원이라 지목되는 포악스러운 자본주의를 수정·보완하거나 심지어 대체할 수 있는 희망을 보았다. 그 시작에는 1925년 《선물론》(*Essai sur le don*)이라는 책을 펴낸 프랑스 인류학자 마르셀 모스(Marcel Mauss)가 있다. 일본어 번역본을 따라 《증여론》이라는 부정확한 제목으로 알려진 《선물론》은 단순히 폴리네시아나 북서부 아메리카와 같은 낯선 세계의 원주민들의 상부상조 생활과 풍습에 대한 인류학적 지식을 전달하기 위해 쓰이지 않았다.

집필 동기는 오히려 내적 고민에 있다. 모스는 무한 경쟁의 자본주의에 친숙한 동시대 서양인들이 모든 것을 시장의 교환가치로 환산하여 계산하는 매정한 생활 태도를 들여다보는 데서 출발했다. 나아가 비서구 문명권의 전통 사회들에서 공통적으로 발견되는 인류 원형의 생존방식으로서 '선물 경제'(gift economy) 원리가 서구 사회에도 복원·확장되기를 바라는 마음이 담겨있다. 여기서 그가 주목한 선물 경제

기독시민교양을 위한 나눔 윤리학

란 이웃에게 선물을 주어야 할 뿐 아니라 이웃이 선물을 주면 잘 받고, 받은 선물을 다시금 감사한 마음으로 되돌려줄 의무를 지는 '선물 순환'의 관습적 지혜로 운영되는 사회 시스템을 가리킨다.

물론 사사로운 선물 나눔을 공동체의 생존과 번영을 좌우하는 경제 개념으로 확대 해석하는 모스의 관점이 지나치다고 보는 이들도 있다. 거대 자본주의 문제를 원시 전통 사회의 단순한 상부상조 원리로 안일하게 풀려는 것으로 잘못 이해하는 이들도 있을 것이다. 그러나 정작 모스의 의도는 자본주의 광풍이 몰아친 서구 사회에서도 비서구 문명권의 선물 경제 원리처럼, 주어야 하는 의무와 받아야 하는 의무, 나아가 되돌려주어야 하는 의무의 순환이 다양한 사회복지 제도와 협동조합, 노동자 연대 등의 창조적 방식으로 끊임없이 창출되고 있으며, 더 발전되어야 함을 강조하는 데 있었다. 그는 선물 경제라는 말을 통해 인간 공동체의 경제 원리가 개인의 탐욕이 아닌 상부상조, 즉 '서로 주고받는' 호혜성의 도덕에 본질적으로 뿌리내리고 있음을 강조하고자 했다. 아울러 인류가 탐욕의 광풍에도 불구하고 결국 호혜성의 도덕으로 복원하리라는 희망을 놓지 않으려고도 했다.

그러나 자본주의라는 욕망의 전차에 올라탄 현대인들의

탐욕을 선물이라는 친숙한 말로 잠재우기란 애시당초 불가능했던 걸까? 모스의 선물론은 한동안 서구 지성사에서 잊혔다. 그러다가 1980년대 피에르 부르디외(Pierre Bourdieu)와 같은 일군의 학자들이 서구 자본주의 사회와 비서구 전통 사회를 대조 분석하고, 나아가 자본주의의 보완 혹은 대안으로서 상호 호혜적 경제구조를 강화하기 위해 선물이라는 말을 다시금 주류 담론에 부각시켰다. 개인의 탐욕 실현에 충실한 자본주의의 한계를 보완 대체하기 위해 선물처럼 서로 배려하고 주고받는 상호 호혜적 경제 원리를 복원하는 일은 현실적으로 매우 필요했다. 자본주의의 생산성이 가져오는 풍요를 포기하지 않으면서도, 더불어 함께 살아가는 상호 호혜적 국가 경제 모델을 어떻게 보완해서 만들어갈 것인지의 문제가 20세기 중후반 서양 복지국가들의 국운을 가르는 일이었기 때문이다.

데리다가 지적한 '선물의 불가능성'

하지만 선물에 대한 담론이 서구 지성계에 다시 유행하기 시작한 지 얼마 되지 않아 신랄한 비판을 쏟아놓는 이가 등장한다. 포스트모더니즘의 선두주자인 프랑스 철학자 자크 데리다(Jaque Derrida)이다. 그는 선물의 호혜성 수준에 만족하는 사람들을 향해 과감히 선언한다. 진정한 의미의 선물은 불가능하다고. 특히 선물 경제 개념 속에 전제된 '내가 좋은 것을 주니 상대방도 그에 걸맞은 것으로 돌려줄 의무가 있다'라는 의미가 암묵적으로 전제된 선물이란 말은 본래 그 뜻을 근본적으로 위반하고 있다고 말이다.

데리다가 볼 때, 선물을 주는 행위가 그 본래 뜻에 온전히 부합하기 위해서는 선물을 주는 이가 선물을 받는 이에게 돌려받는 것을 조건으로 내걸지 않아야 할뿐더러 모든 것을 내어줄 각오가 되어 있는 '무조건적 환대'여야만 한다. 하지만 현실적으로는 선물을 줄 때, 언제가 되었건 무엇이 되었건 (감사나 명예라는 무형의 것이라 해도) 좋은 것으로 적당한 시기에 적당한 수준으로 되돌아오리라는 기대 심리가 작동한다. 생일이나 명절, 개인과 가족의 대소사에 선물을 주고받는 사회 관습은 그러한 기대 심리의 토양이 되어왔다. 이러한 점에서, 주고받는 순환의 고리를 전제하는 현실 속 선물은 데리다의 지적처럼 언제나 선물 본연의 뜻을 위반한다.

물론 데리다의 삐딱한 시선에 우리는 질문을 던질 수 있다. 사람들 대부분이 선물의 대가를 기대한다고 하더라도,

돌려받을 것을 전혀 기대하지 않고 순수하게 베푸는 소수의 성인(聖人)이 존재하지 않느냐고 말이다. 그러나 데리다는 범인(凡人)의 선물과 성인의 선물을 특별히 구분하지 않았다. 아무리 선한 인간이라 해도 낯선 타자에게 "그가 누구인지, 이름은 무엇인지, 어디 사람인지 등을 묻고 싶은 유혹조차 억제"하면서까지* 그의 필요에 전적으로 응답하는 것은 불가능하기 때문이다. 실제로 우리는 상대방의 필요를 알기 위해서라도 많은 질문을 해야 한다.

문제는 진실로 돕고자 하는 순수한 마음에서 상대방에게 말을 건네고 질문을 한다 해도, 그 순간 이미 도움을 줄 능력이나 힘이 있는 자로서, 혹은 선주민이나 주권자나 모국어 사용자로서 그가 우리와 같은 동등한 권리를 소유하지 못한 자임을 통보하는 셈이 된다는 사실이다. 그 결과 아무리 막으려 해도, 주는 자와 받는 자 사이에 위계질서가 발생하는 것을 막기 힘들다. 위계질서가 존재하지 않는다고 장담하는 관계일수록 시혜적 관계가 은밀하게 강화되는 아이러니가 발생한다.

데리다의 비판에 대해 선물의 순수성에 지나치게 예민하

* 자크 데리다, 《환대에 대하여》, 남수인 옮김, 동문선, 2004, 141쪽.

기독시민교양을 위한 나눔 윤리학

게 집착하는 것이라고 여길지 모르겠다. 그러나 그가 이러한 주장을 펼친 1990년대 이후 세계 상황을 보면 그것이 얼마나 타당한 주장인지 알 수 있다. 오랜 제국주의를 통해 자본과 기술을 축적한 서구 사회는 1·2차 세계대전의 엄청난 시련에도 불구하고 세계 여타의 지역보다 눈부신 경제 발전을 이루었다. 특히 앞서 언급했듯이 '복지국가'라는 모토 아래 소위 서구 선진국들은 국민의 생존과 삶의 질을 보장하는 다양한 선진 제도를 상대적으로 앞서 정착시켰다. 그리고 국가의 경제 발전을 더 이상 내부 동력만으로는 끌어올릴 수 없는 한계선에 직면했을 때, '신자유주의'라는 새로운 돌파구를 찾아 시장의 국경을 없애고 자본과 물자를 이전보다 자유롭게 이동시키며 선진국의 입지를 굳건히 다졌다.

신자유주의는 저개발 국가들의 빗장을 무력화하며 선진국의 자본이 저개발 국가의 자원과 노동력을 착취하게 했다. 그나마 자생하던 기업들도 해외 자본에 헐값으로 매각할 수밖에 없게 되었다. 그 결과 많은 저개발 국가에서는 독재와 쿠데타, 테러와 내전, 경제 위기, 환경 재앙이 끊임없이 일어났다. 21세기에 접어들며 유럽으로 미국으로 몰려든 저개발국 출신 이주민 대부분이 자국의 이러한 상황을 피해 삶의 자리를 옮기는 용기를 감행한 자들이다.

데리다의 주장에 담긴 본심

이러한 시대 상황이 데리다가 선물의 호혜성을 비판하고 선물의 불가능성을 주장한 배경이 된다. 데리다는 유대인 혈통이자 알제리 태생의 프랑스 국적자로서 늘 내부인과 이방인의 경계선에 섰다. 이러한 그에게 포착된 사람들은 일반적으로 서구 복지 선진국에서 어떠한 혜택도 요청할 권리가 없는 '외국인 노동자' '불법 체류자' '난민'이라는 이름으로 불리는 이방인들이다. 이들의 관점에서 볼 때, 줄 수 있는 능력과 받을 수 있는 자리는 모두 '합법적으로' 권리가 보장된 선주민들, 곧 주권이 있는 시민들끼리만 공유된다. 이방인들은 새롭게 이주하여 정착하려는 곳에 아직 확실히 준 것이 없으니 돌려받을 권리도 없다. 언제 추방될지 모르는 두려움 속에서, 그들의 주린 배는 주권자들의 호의를 통해서나 채워질 수 있는 것처럼 취급받는다. 아무리 헐값으로 노동력을 팔아 기업과 국가 경제에 이바지해도 불법이나 미숙련 노동이라는 시선에 갇혀 그들의 사회적 기여는 거의 모든 통계에서 삭제되고, 오히려 선주민의 권리를 부당하게 좀먹는 범죄 집단으로 취급받는다.

그러나 정신을 똑바로 차려 문제를 직시하면 보인다. 낯선 이방인들이 삶의 터전을 떠나 유랑자로 흘러들게 된 원인으로부터 선진국 시민들이 완전히 자유로울 수 없다는 사실 말이다. 선진국 개별 시민에게 형법과 민법상의 책임을 물을 수는 없으나, 아프리카나 남아메리카, 아시아 전역의 가난에 대해 최소한 대다수 선진국과 그 기업들이 역사적으로, 아니 오늘날까지도 깊이 연루되어 있다. 이러한 맥락에서 우리나라와 같은 산업국가의 어떤 성인이 낯선 이방인을 돕기 위해 나선 것이 오로지 존경받아 마땅한 순수한 환대이자 무조건적 환대라고 자부할 수 있을까? 정말로 제대로 된 성인이라면, 타자의 자리를 탈취하여 차지하고 있는 자기 존재에 직면할 수밖에 없을 것이다. 선물(*don*)을 주는 자리에서 용서(*par-don*)를 빌어야 하는 자리에 선 자신을 발견하지 않을 수 없을 것이다.

데리다가 선물의 불가능성을 주장했다고 하여, 이를 선물하지 말자는 말로 들어서는 곤란하다. 또한 단순히 외국인 이방인들과 관련된 이야기로만 한정해서도 곤란하다. 그가 경계하는 것은 서로 주고/받을 권리가 있는 자들끼리만 주고/받는 행위는 결국 시장의 교환 행위와 다를 바 없으며, 이러한 교환 행위만 존재하는 곳에는 권리 없는 자들을 위한 시혜적 관용이 아무리 넘쳐난다고 해도 그들이 온전히 인간다운 삶을 영위하기가 불가능하다는 것이다.

데리다의 논리를 여기까지 잘 따라오면, 이제 그가 정말로 하고자 했던 이야기가 보인다. 부채 계약을 넘어선 탕감, 경제 논리를 넘어선 무상의 선물, 현행법이 정해놓은 권리 너머 새롭게 권리를 확대하여 부여하는 법의 정의로운 진보, 이를 위한 끊임없는 노력에 바로 그의 본심이 있다. 그 본심을 꿰뚫어본 신학자 테드 제닝스(Theodore Wesley Jennings)는 무조건적 환대에서 비롯된 진정한 선물에 대해 말하는 데리다의 논의가 바울이 로마서 5장에서 설명한 "값없이 주시는 하나님의 은혜"와 결코 멀지 않다고 하였다.*

'선물의 실패 가능성' 인정하기

데리다의 무조건적 환대와 선물에 대한 성찰에는 또 다른 중요한 가르침이 있다. 그것은 선물이라면 무조건적 환대를 지향해야 하지만, 이는 언제나 주는 이를 위험에 빠뜨릴 수

---

* 테드 W. 제닝스, 《데리다를 읽는다 / 바울을 생각한다》, 박성훈 옮김, 그린비, 2014, 186-187쪽.

기독시민교양을 위한 나눔 윤리학

있다는 사실이다. 최상의 시나리오대로라면, 주는 이는 어떠한 조건이나 사심 없이 상대방에게 필요한 만큼 줄 수 있어야 하고, 받는 이는 정성 어린 그 마음을 알고 받은 것이 헛되지 않게 살면 된다. 그러나 현실의 나눔은 많은 경우 그렇게 진행되지 않는다. 물에 빠진 사람을 건져주니 보따리 내놓으라는 속담처럼, 많은 경우 "왜 더 주지 않느냐?"라고 따지거나 불평하는 경우가 다반사다. "줄 만하니까 준 것"이라며 주는 이의 은혜를 깎아내리는 경우도 많다. 심지어 "나는 그에게 받은 것이 없다" 하고 거짓말하거나, "내게는 그런 도움이 필요 없다"라며 선물 자체를 거부하기도 한다.

데리다가 말하고자 하는 선물은 주는 이와 받는 이 사이의 상호 호혜성이 아니라 주는 이의 온전한 헌신이 전제되는 것이 분명하지만, 오히려 그렇기에 주는 이의 헌신에 대한 인정이 제대로 이루어지지 않고 배신과 배반으로 되돌아오기 일쑤다. 한마디로, 진정한 선물일수록 선물의 의도가 제대로 성취되지 않고 실패할 가능성이 높다. 참으로 맥 빠지게 하는 진실이다. 이 진실을 알고도 이웃에게 헌신하겠다고 나서는 이들이 과연 몇이나 될까?

하지만 선물의 실패 가능성에 대한 인정이야말로 우리를 또 다른 진리로 인도한다. 주는 자의 편에서 볼 때는 선물의

'선물 경제' 대안론과 '선물의 불가능성'

실패 가능성이, 받는 자의 편에서는 주체적으로 선물을 받을 권리로 설명될 수 있다. 받는 자에게 주체적 권리가 있다는 말은 결국 선물을 잘 받을 자유뿐 아니라 잘 받지 않을 자유, 나아가 거부할 자유가 동시에 주어진다는 뜻이다. 제닝스의 제안처럼 데리다의 선물을 바울이 말한 그리스도의 은혜와 견주어보면 더 잘 이해할 수 있다.

그리스도의 은혜는 세상 모든 사람에게 임한 보편적인 사랑이지만, 사람들에게는 그것을 받아들이지 않을 자유가 있다. 물론 신학적으로 그러한 자유가 늘 옳은 것은 아니다. 영생의 길에 대한 답을 듣기 위해 예수께 왔다가 근심하며 돌아간 부자 청년(마 19:16-30)처럼, 받아들이지 않을 자유가 안타깝게도 복된 길에서 오히려 멀어지게 한다. 그러나 부자 청년의 이야기에서 '자유는 해롭기에 제한해야 한다'는 가르침의 뉘앙스는 찾아볼 수 없다. 예수는 근심하며 돌아가는 부자 청년을 그대로 놔두었다.

한국교회의 나눔 문화가 놓친 것

나는 한국교회의 나눔 문화가 바로 이 점에서 중요한 사실

기독시민교양을 위한 나눔 윤리학

을 놓치고 있다고 생각한다. 나눔의 수혜자들을 복음으로 온전히 갱생시켜야 한다는 성급함이 바로 그것이다. 한두 번 도움받은 자 모두를 구원할 능력은 예수께도 없었다. 예수께 치유받고 흩어진 열 명의 나병 환자 중 예수에게 돌아와 감사를 표하고 구원의 길로 들어선 이는 단 한 명에 불과했다. 과장하여 말하자면 예수의 선물의 성공률도 10퍼센트에 불과했다.

선물을 주는 이의 성급함은 선물 받는 이의 자유를 제한한다. 그가 스스로 그 선물을 고귀하게 받을 수 있는 자로 성장하기도 전에, 당장 위급한 필요에 머리를 조아리며 가짜 감사를 표하게 만든다. 바로 거기에서 선물 경제의 위계질서가 또다시 발생한다. 내리 붓기만 하는 은혜는 무소불위의 권위에 대한 복종과 맹신만 키울 뿐 인격의 자유, 신앙의 자유를 키워내지 못한다. 나는 《베풂과 용서》(*Free of Charge: Giving and Forgiving in a Culture Stripped of Grace*)에서 그리스도인의 선물과 나눔에 대해 중요한 통찰을 보여준 미로슬라브 볼프(Miroslav Volf)가 "우리는 하나님의 선물을 흘려보내는 도관이 되어야 한다"라고* 한 말이 선물 받는 자의

---

* 미로슬라브 볼프, 《베풂과 용서》, 김순현 옮김, 복있는사람, 2018, 92쪽

자유를 고려했기에 나왔다고 생각한다.

애당초 선물은 불가능하다. 그러나 그렇기에 더욱 겸허하게 선물을 주어야 한다는 역설을 이해해야 한다. 선물에 담긴 우리의 호의가 상대방에게 제대로 전달되는 데 실패할 수도 있다. 그러나 그렇기에 상대방의 필요와 상황, 마음까지 더 조심히 살펴 선물을 주어야 한다는 역설이 가능하다. "선물이 불가능함에도, 또 실패할 수 있음에도 계속해서 선물을 나눠야 한다"는 주장은 마조히스트처럼 좌절과 배신에서 쾌감을 느낀다는 말로 종종 오해받기도 한다. 하지만 이 말의 본 뜻은 선물의 성공이나 실패가 주는 이의 선의나 선한 행위에 따라 결정되는 것이 아니라 받는 이의 감사한 마음과 새 삶으로의 의지에 달려 있음을 의미한다. 선물의 기적은 잘 주는 쪽과 잘 받는 쪽이 서로 짝을 이룰 때 일어나는 것이다.

하나님의 은혜에 인간이 참여해야 구원이 완성되듯, 주는 자와 받는 자의 상호 관계는 착취나 교환의 양자적 관계 너머 '서로 사랑'과 '상호 인정'의 평등한 관계로 온전히 회복될 때 완성된다. 물론 그것은 여전히 미완성이며 하나님 나라의 도래와 함께 늘 미래로부터 우리에게 오고 있다.

'도움받는 자'의 언어

소외당하기 쉬운 고통받는 자의 언어

우리가 선물, 나눔, 봉사를 더 이상 진행하는 것이 불가능하다고 느끼는 때는 언제일까? 대학에는 요즘 저소득층 아동이나 청소년을 대상으로 하는 교육봉사를 학점으로 인정해주는 교과목이 있다. 심지어 사회공헌 프로그램이라는 이름 아래 대학생 교육봉사에 대규모 장학금을 후원하는 대기업도 있다. 학점도 따고 장학금도 받으면서 받고 어려운 처지에 있는 이웃을 도우며 자기 효능감과 스펙을 쌓을 수 있기에 많은 학생이 도전한다. 그러나 봉사 경험이 모두에게 보람되고 유쾌하게 끝나진 않는다. 저소득층 아동이나 청소년들이 학업에 불성실할 때, 애써 시간을 내어 멀리서 온 봉사자에게 고마움을 표하기는커녕 말대꾸하거나 거친 욕을 섞어 답할 때 '모범생 대학생들'은 좌절감을 느끼고 봉사를 중단한다. 그래서 교육봉사는 봉사하는 학생에게 오히려 저소득층에 대한 부정적 인식을 확증하고 내면화하는 계기가 되기도 한다.

교육자 입장에서 볼 때, 대학생들이 좌절감에 덜 빠지면서 봉사를 지속하려면 도움받는 자의 언어 특성을 먼저 파악하는 일이 필요하다. 상대방 언어의 구조적 특성을 알면 상대방에 대해 조금은 더 인내하며 기다릴 수 있기 때문이다. 불어학자 정우향은 청각장애나 언어장애가 없어도 개인적 혹은 사회적 고통 때문에 의사소통 기능 자체에 손상을 입은 사람들을 "언어적 약자"라고 호칭하며, 언어 빈곤 문제가 사회적 관계에서 소외를 발생시키는 중요한 원인이라 설명한다.*

---

* 정우향,《소통의 외로움》, 한국문화사, 2013. (이 책은《언어적 약자: 잃어버린 소통 능력》[나무위의 책, 2022]으로 개정출간되었다.)

기독시민교양을 위한 나눔 윤리학

말을 앗아가는 고통과 자학의 언어

고통이란 육체적이건 정신적이건 본질적으로 타자가 대신할 수 없다. 따라서 엄청난 고통을 경험하는 개인은 사회관계망으로부터 고립되기 쉽다. 정우향은 이 고립이 안타깝게도 타자와의 의사소통 기능을 점차 저하시킨다고 주장한다. 의사소통 기능이 한번 저하되면 사회적 관계를 재건하는 일도 어려워진다. 삶의 고통으로 인간관계가 깨지니 언어가 약해지고, 언어가 약해지니 관계를 다시 만들기 어려운 악순환이 반복되는 것이다.

정우향은 언어가 사유의 집이라는 점에서 더 큰 문제가 발생한다고 본다. 의사소통 기능이 파괴되면 자신이 당하는 고통의 원인과 해결 방법을 사유할 능력도 저하되기 쉽다. 자신이 겪는 고통을 사람들이 알아들을 수 있도록 적절한 말로 설명할 수 있어야 제대로 도움을 받을 수 있는데, 애당초 말을 꺼내는 일 자체가 어렵다보니 쉽게 분노하거나 자포자기해버린다. 심지어 전혀 관련 없는 이야기를 둘러대며 듣는 이의 인내력을 시험하기도 한다. 자기 고통에 대해 말할 수 있다 하더라도 자기 관점이 아니라 고통을 부여한 소위 '강자의 언어'로 자기 고통을 설명할 수밖에 없는 아이러

'도움받는 자'의 언어

니한 상황에 놓일 때도 많다. 강자의 언어는 언어적 약자를 '내가 가난한 이유는 내가 게을러서', '내가 폭력을 당한 이유는 내가 약해서', '내가 장애로 불편한 이유는 내가 그렇게 태어나서', '내가 공부를 못하는 이유는 내 머리가 나빠서'라는 식으로 자기 고통의 원인을 오로지 자신에게서 찾는 자학의 언어에 가둔다.

　도움이 필요한 사람들에게 물질이나 재능을 나누는 일 자체는 그리 어렵지 않다. 심지어 마음을 나누는 것도 감정을 지닌 동물인 인간에게 그리 어려운 일이 아니다. 정작 어려운 점은 자기 고통에 빠져있는 이들의 빈약하거나 서툰 의사소통 능력과 관련이 있다. 물질과 마음을 제대로 나누기 위해서는 먼저 대화를 통해 가까워져야 하는데, 이들의 저하된 의사소통 능력은 대화의 장에서 상대방과 말을 이어가고픈 흥미를 반감시킨다. 수동적이고 무기력하다 못해 생명력 자체가 훼손된 언어적 약자들과 대화할 때 대화 상대자인 봉사자는 쉬이 지루해지거나 답답해진다. 분노나 우울을 조절하지 못하는 사람을 상대할 때 봉사자는 감정노동에 지쳐 떨어져나가기 쉽다. 그런 감정을 느끼는 자신의 이기심 때문에 죄책감에 시달리면서도, 지루함이나 답답함을 끝내 이기지 못하는 경우가 비일비재하다.* 상대가 처한 어려

기독시민교양을 위한 나눔 윤리학

운 상황에 불쌍함을 느끼지만, 서로 교감하지 못하는 대화는 상호 연대의 우정을 키워내기 힘들다. 필요한 것을 주고 빠지는 식의 나눔은 가능하지만, 나눔을 통해 친구가 되고 가족이 되고 한 교회 교인이 되는 관계의 기적은 잘 일어나지 않는다.

고통받는 자의 의사소통 능력을 회복시키려면

이러한 문제를 깊이 성찰하는 정우향은 고통받는 자들에게 필요한 것은 단순히 고통에서 벗어날 수 있는 물질적 자선이나 재능 기부, 나아가 감정적 동정이 아니라고 강조한다. 물질과 감정이 제대로 전달되기 위해서라도, 고통 속에 있는 이들의 의사소통 능력이 성장하거나 회복될 수 있도록 돕는 데 더 초점을 맞춰야 하기 때문이다. 그래서 그는 자기 고통을 제대로 이해하고 서술할 수 없는 언어적 약자 곁에서 그들의 침묵과 탄식, 신음이나 분노 섞인 울부짖음에 포기하지 않고 끈기 있게 기다리며 고통에 공감하고 연대하

---

* 정우향, 앞의 책, 158쪽.

'도움받는 자'의 언어

는 대화 상대자의 존재를 강조한다. 끈기 있는 기다림이 선사하는 신뢰 위에 고통받는 자가 조금씩 발화를 시작할 때 대화 상대자는 설익은 말들을 대화 속에서 이해 가능한 말로 정리해줄 수 있다. 나아가 그가 던지는 좋은 질문들이 발화자 스스로 다른 관점에서 자기 문제를 조망하고 풀어갈 수 있는 방법과 힘을 찾게 해줄 수도 있다. 정우향의 말대로 '타자 중심의 의사소통 태도'야말로 고통 속에 놓인 이들을 돕는 데 매우 결정적일 수 있다.

고통받는 이들 곁에서 겸손하고 낮은 자세를 유지하는 대화 상대자가 되라는 제안은 그리스도인들에게 그리 새로운 이야기는 아닐 테다. 대화 상대자로서의 바른 모습이야말로 예수 그리스도의 모습과 거의 일치하기 때문이다. 예수는 죄의 고통에 빠진 인간을 구원하기 위해 초월적 절대자로서의 하나님의 자리를 버리고 스스로 '하강하여' 십자가에 매달리는 대속양이 되었다. 그래서 고통 속에 있는 이들에게 겸손히 다가가 도움의 손길을 내미는 '모범적인' 봉사자의 모습에는 그리스도교의 독특한 기독론이 겹쳐 보인다. 그래서일까? 여전히 많은 그리스도인이 '참된 봉사자가 되려면 참된 그리스도인이 되어야만 한다'고 확신하고 있다.

남을 '위'하기보다 남을 '대'하는 게 더 중요해진 시대

안타깝게도 혹은 다행스럽게도 이제 우리는 겸손한 봉사자
나 하강한 구원자 모델이 교회 밖 사람들에게 별다른 감동
을 불러일으키지 못하는 대전환의 시대로 접어들었다. 더
정확히 말해 오히려 반감을 불러일으키는 시대가 다가왔
다. 물론 이 말을 듣는 그리스도인 상당수는 아마도 말세를
탓할 것이다. 사악한 이기심으로 이웃 사랑에 대한 감정이
가뭄 맞은 논바닥처럼 갈라진 현대인들의 죄악 된 마음 밭
을 탓할지도 모른다. 그러나 세속인들 눈에는 '도움을 받는
자'(구원받는 자)를 위한 '도움을 주는 자'(구원하는 자)의 자발
적 희생 관계가 여전히 부담스럽게 비친다. 둘 중 한 사람에
게만 지나치게 희생을 강조하는 것처럼 보이기 때문이다.

　이러한 방식은 도움을 받는 자를 도움을 주는 자 없이는
제대로 된 자생이나 발화 자체를 할 수 없는 무능력한 존재
로 타자화하는 위험도 안고 있다. 노동·빈민운동, 인종차별
반대운동, 여성운동, 장애·아동 인권운동, 이주민 권리운동
등 다양한 약자의 권리를 혁명적으로 확장해온 지난 두 세
기 동안 인류는 고통받는 자들의 문제를 개인의 불운이나
무능력, 혹은 자연적 숙명으로 받아들이기보다 사회적 차별

이나 불의와 연관하여 이해하는 쪽으로 발전해왔다. 사회적 약자의 문제를 사랑보다는 정의의 관점에서 해결하려는 방식이 현대인들에게 더 익숙해졌다.

자선보다는 분배에 익숙하고, 배려보다는 인권을 기본으로 생각하며, 사랑보다는 정의가 먼저 지켜져야 한다고 여기는 시대가 도래했다. 신학자 양명수는 이를 두고 "남을 위하는 것보다는 남을 대하는 것이 더욱 중요해진" 시대가 되었다고 했다.* 그러나 다수의 그리스도인은 전통적으로 분배보다는 나눔에, 인권보다는 배려에, 정의보다는 사랑에 더 큰 가치를 부여해온 교회 전통에 익숙하다. 그리하여 '남을 위하는' 일에 훨씬 더 집중한다. 그 결과, 본마음과 다르게 상당히 많은 그리스도인이 매우 빠르게 사회 부적응자로 고립되어가고 있다. 한편으로는 고립을 심각하게 의식하기보다 스스로 세상과 구별된 집단이라고 착각하기도 한다. 이런 상황에서 어떻게 우리는 자선과 배려, 사랑을 포기하지 않으면서도 분배와 인권, 정의를 균형 있게 고려하는 새로운 교회를 준비할 수 있을까?

---

* 양명수, 《근대성과 종교》, 이화여자대학교출판부, 2001, 141쪽.

기독시민교양을 위한 나눔 윤리학

사회가 요구하는 '정상성' 신화를 반박하다

《사이보그가 되다》*는 '오늘의 작가상'과 '젊은 작가상'을 수상하며 문단의 주목을 받기 시작한 소설가 김초엽과 변호사이자 작가이며 연극배우로 활동하고 있는 김원영이 함께 썼다. 이 책은 이들의 직업 정체성뿐 아니라, 이들이 남들과 다르게 세상에 존재하는 방식에 기반하여 글을 써내려갔다는 점에서 독특하다. 김초엽은 보청기를 착용하는 후천적 청각장애인으로서, 김원영은 골격계 관련 질병으로 휠체어를 탄 장애인으로서, 비장애인 관점에서는 느낄 수도 알 수도 없는 이야기들을 재미있고 설득력 있게 서술한다. 특히 흥미로운 점은 인공지능 기술의 발전으로 최근 인문학자들의 관심을 독점하고 있는 '포스트휴먼' 연구의 핵심 주제인 사이보그에 대해 장애인의 관점에서 꼼꼼히 성찰해갈 뿐 아니라 장애인 저자들끼리 교차 집필과 대화를 통해 사유를 확장하고 있다는 점이다.

　'도움받는 자'의 언어를 이야기하다가 왜 갑자기 사이보그에 대한 장애인의 성찰을 소개하는지 어리둥절할 수도 있

---

* 김초엽·김원영, 《사이보그가 되다》, 사계절, 2021.

겠다. 그러나 이 책 《사이보그가 되다》에서는 '도움이 필요한 자', 그래서 쉽게 도움받는 자라고 여겨졌던 장애인들이 저자가 되어 자신의 관점에서 말하고 있다. 다시 말해, 주체(비장애인-구원자)의 도움을 수동적으로 기다려야 한다고 여겨지는 언어적 약자의 자리에서 벗어나 도움을 받는 순간 일어나는 그들의 감정과 생각을 숨김없이 자기 언어로 펼쳐나간다.

이 책에서 김초엽은 2020년 초 공개된 현대자동차의 〈두 번째 걸음마〉라는 광고 내용을 장애인 관점에서 비평한다.* 한 후천적 장애인 양궁 국가대표 선수가 현대자동차의 웨어러블 로보스틱을 착용하고 부모님 앞에서 처음으로 스스로 일어나 걷기 시작한다. 광고는 이 순간을 '두 번째 걸음마' 라고 부르며, 그의 부모뿐 아니라 광고를 지켜보는 시청자가 경험하는 감동에 휴머니즘 기술을 개발하는 기업의 사회적 가치를 자연스럽게 연결한다. 비장애인에게는 이보다 더 감동적일 수 없는 서사이지만 막상 장애인 김초엽은 거리를 두고 사유한다.

그에 따르면, 이 광고에서 사이보그 기술은 기본적으로 장애를 '정상 능력'의 손실로 보고 기술을 통해 극복해야 할

---

* 김초엽·김원영, 앞의 책, 70쪽.

대상으로 전제한다. 문제는 이러한 관점에 익숙해진 대중은 장애인을 위한 기술이 손상된 몸을 대체하는 '따뜻한 서비스'라는 편견에서 벗어나지 못한다는 사실이다. 하지만 장애인 입장에서 볼 때, 장애를 '정상의 결핍' 혹은 '비정상'이라고 전제하는 기술 개발은 '시혜적 기술'에 불과할 수 있다. "장애인은 기술을 사용하는 주체가 아니라 누군가가 베푼 온정의 수혜자로 위치"되기 때문이다.* 김초엽은 이러한 낭만적 광고는 몸에 보형물이나 보청기 등 기계를 부착할 때 겪는 장애인들의 고통, 즉 피부 짓누름, 전기적 기계 착용의 불편함, 기계 착용을 주변인에게 들키지 말아야 하는 차별적 현실, 비싼 비용 등에 무지할 뿐 아니라 장애를 있는 그대로 인정하기보다 언젠가는 종식되고 제거되어야 할 문제점으로 여기게 한다고 지적한다. 한마디로 장애인을 돕기 위해 만들어진 기술이 능력 차별주의에 근거하여 장애인의 신체에 대해 "취약한 몸, 손상된 몸, 의존하는 몸"이라는** 혐오를 유포할 수 있다는 말이다.

이러한 비판을 두고 김초엽이나 김원영이 기술에 대해

---

* 김초엽·김원영, 앞의 책, 72쪽.
** 김초엽·김원영, 앞의 책, 276쪽.

'도움받는 자'의 언어

적대적 태도를 취하고 있다고 섣부르게 단정해서는 안 된다. 그들은 장애인을 위한 기술 개발이 자기 몸을 비하하거나 혐오하지 않으면서도 비장애인과 어울려 살 수 있는 적정 수준의 대안을 찾기보다 장애인의 신체에 기술과 기계를 적용하는 상품을 개발하고 판매하여 장애인을 정상인이라는 범주에 복원하려는 방법을 택해왔다고 비판한다. 다시 말해, 비장애인들의 삶에는 아무런 변화를 주지 않으면서 장애인들의 존재 방식에만 격변을 요구한다는 것이다.

아무리 공감 능력이 뛰어난 사람이라도, 자신이 경험하지 않은 타자의 어려움이나 고통을 제대로 알 수 없다. 상대방이 자기 관점에서 그 고통을 서술할 때 주의 깊게 듣지 않는다면, 아무리 선한 의도로 그를 돕고자 해도 결국 의도와 상관없이 시혜적으로 인식될 뿐이다. 시혜는 주는 이의 마음이 문제가 아니라, 받는 이의 입장을 배제하는 나눔의 구조적 문제에서 발생하기 때문이다. 그렇기에 우리는 소위 '타자'라고 지목되는 다양한 사회적 약자들의 말을 더 많이 들어야 하며, 또한 더 많이 들을 기회를 구조적으로 만들어야 한다. 우리의 일상 대화 속에 더 많이 자리 잡게 될 그들의 언어는 기울어진 나눔의 구조 축을 균형 있게 바로잡을 풍부한 사회적 자원이 될 것이다.

'선한 사마리아인 비유'에 대한 전통적 해석의 한계

여기까지 생각을 이어오다 보니 문득 그리스도인으로서 우리는 어려움과 고통 속에 있는 타자의 말에 얼마나 귀 기울이는 노력을 했는가 하는 의문이 든다. 그리고 이내 우리의 일방성에 머리 숙이게 된다. 고통받는 이를 돕는 일이 그리스도인의 의무임을 가르치는 대표적인 성서 본문인 '선한 사마리아인의 비유'를 떠올려보자. 사랑해야 할 이웃이 누구인지 묻는 율법교사의 함정 같은 질문에 에둘러 답하고자 했기 때문이겠지만, 예수의 내러티브에도 선한 사마리아인과 강도 만난 자 사이에 도움을 매개로 한 주체와 객체의 전형적 도식이 반복되고 있음을 부인하기 힘들다. 선한 사마리아인은 강도 만난 자의 고통에 진심을 다해 응했고, 주막에 데려가 그의 치료비용을 전액 부담하는 선을 베풀었다. 그 자체로 사랑을 베푼 것이다.

　그러나 이제 우리는 이 본문을 이렇게만 읽어서는 안 된다. 이러한 해석학적 관점은 약자를 도울 능력이 있는 정상적 위치에 있는 그리스도인의 입장에만 시선을 묶어둔다. 이 본문을 읽은 그리스도인 대다수가 자신을 제사장이나 레위인, 선한 사마리아인에게는 대입해도 강도 만난 자에게는 대입하지 않는다는 점이 그 증거다. 이렇게 도움이나 구원을 주는 주체의 관점에서만 성서를 해석하게 되면, 결국 교회에는 정상인 범주에 자신의 정체성을 두는 자들만 남게 될 가능성이 크다. 실제로 대다수 한국교회의 주류 집단에는 소위 말하는 정상성의 범주를 벗어난 이들이 거의 남아 있지 않다는 사실을 가슴 깊이 성찰해야 한다.

김초엽의 제안처럼, 이제 우리는 이 본문에서 강도 만난 자의 상황을 상상해야 한다. 이를 위해 오늘날의 신학자와 설교자는 이와 유사한 상황에 처한 사람들의 말을 주의 깊게 듣고 강도 만난 자의 심정을 헤아리며 메시지를 재구성해야 한다. 나아가 그들이 직접 신학적 글을 쓰고 출판할 수 있도록, 직접 강단에 설 수 있도록 구조를 바꿔야 한다. 강도에게 죽을 만큼 폭행당했을 때 느낀 공포가 얼마나 컸는지, 믿었던 동족이 자신을 피해 가버릴 때 얼마나 좌절했는지, 그도 남들처럼 꺼렸던 사마리아인에게 도움을 받게 되었을 때 무슨 생각이 들었는지, 주막 주인은 그를 어찌 대했는지, 비용을 사마리아인이 모두 지불한 것은 어떻게 생각하는지 등, 어찌 보면 답이 뻔한 질문에 대해서도 도움을 받는 자에게 직접 대답할 기회를 주어야만 한다. 혹시나 그의 친척이나 가족의 집이 주막보다 더 가까웠을 수도 있고, 주막 주인이 그를 홀대했을 수도 있고, 비록 강도를 만나 당장은 돈이 없었더라도 사실 그는 부자였을 수도 있지 않은가? 선한 마음으로 도움을 주고자 하는 관점에서는 사소해 보이는 질문들을 놓고 서로 대화하는 일이 실제로 도움을 받는 이의 삶이나 자존감을 더 잘 지켜주는 데에는 중요할 수 있다. 이미 세상은 '말 못하는 타자'로 일반화되던 '약자들'을 자기 관점에서 스스로 말하게 하고, 그 말에 관심을 기울이며 의사결정에 반영하는 다소 복잡한 의사소통 체계로 진화하고 있다. 교회도 이에 발맞춰갈 때가 되었다.

참된 종교는 모든 위계질서를 청산한다

이러한 시대의 변화를 독일 철학자 악셀 호네트(Axel Honneth)의 용어로 표현하자면 '인정 투쟁'의 시대라 부를 수 있다. 그의 관점에서 볼 때, 현대사회에서 발생하는 다양한 사회적 차별과 갈등은 '약자-타자'에 대한 주체의 무조건적 환대를 강조하는 철학자 에마뉘엘 레비나스(Emmanuel Levinas)나 자크 데리다의 이론으로는 풀기 힘들다. 대개 사회적 약자들의 요구는 도덕적 주체의 희생으로 달성되는 것이 아니라, 개인의 특수성에 대한 존중과 동등한 사회적 권리를 부여하는 상호 인정 수준만으로도 충분히 관철될 수 있기 때문이다.

만약 이러한 현상이 현대사회의 대세라면, 전통적 신앙에서 한 치도 벗어나지 못한 한국교회는 안타깝게도 갈수록 세상에서 고립되는 집단으로 전락할 것이다. 가난을 생산하는 자본주의의 문제를 외면한 채 불우이웃을 위한 장학금만 제공하는 방식, 청각장애인이 설교를 들을 수 있도록 문자통역이나 수화통역 서비스를 제공하기보다 청각장애인만 모이는 교회로 분리하는 편리를 택하는 방식, 임신 중지를 선택할 수밖에 없는 여성의 상황은 외면한 채 낙태금지서명 연판장을 돌리는 방식, 코로나19 때문에 사회적 거리두기로 많은 자영업자가 고통받는 상황에서 대면 예배만이 종교의 자유인 양 주장하는 방식, 동성애자들을 죄인이라 단죄하면서 그들을 신앙으로 치료할 수 있다고 선동하는 방식 등을 생각해보자.

이러한 실례를 살펴보면 '정상'과 '비정상', '주체'와 '약자-타자', '구원하는 자'와 '구원받는 자'를 구분하여 위계 짓는 오래된 기독론의 흔적이 발견된다. 이러한 방식으로는 남을 위하기보다 대하는 것이 더 중요해진 현대인들에게 복음을 전하는 일이 매우 어려워진다. 교회는 변화를 거부하는 근본주의자들을 중심으로 점점 게토화하는 길을 피할 수 없게 되는 것이다.

그런데 우리가 믿는 예수 그리스도는 정말 위계의 권력을, 혹은 위계를 스스로 전복하는 분일까? 참된 종교는 모든 위계질서를 청산한다. 양명수는 이에 대해 성서의 하나님은 사람을 상대하는 신이라는 점을 강조한다. 하나님은 주체와 타자의 도식을 깨고, 인간을 주체로 당당히 세워 하나님과 '주체 대 주체'의 관계로 서로를 향해 서게 하신다. 하나님이 사람을 주체로 인정하셨듯이, 이제 인간도 진심으로 하나님을 주체로 인정하기 바라는 마음이 담긴 것이 그리스도교 성육신 신앙의 핵심이다.* 이러한 관점은 전통적으로 수직적 축이 강조된 기독론을 가로축이 강조된 기독론으로 재구성하는 작업이라 할 수 있다.

다행히도 수평 관계에서 인간과 하나님의 동행을 서술하는 기독론이 이미 기독교 역사에 존재해왔다. 민중신학과 해방신학, 여성신학과 흑인신학 등 대부분의 현대신학들이 주류 교단의 배척에도 불구하고 이 작업을 꾸준히 이어왔

---

* 양명수,《근대성과 종교》, 141-142쪽.

'도움받는 자'의 언어

다. 하나님의 구원을 기다리기만 하는 것이 아니라, 그의 사역에 적극 동참하는 주체로서 인간을 설명하는 신학적 틀을 마련하기 위해 애써왔다.

이 작업의 첫 단계는 성서의 내용을 문자 그대로 읽는다는 확신을 버리는 데에서 시작한다. 사마리아인 비유에서 보듯 특정 상황을 배경으로 둘 수밖에 없는 성서의 내러티브는, 세상 모든 내러티브가 그렇듯이 늘 특정한 관점에 치우쳐 있다. 성서의 내러티브 자체만 치우친 것이 아니다. 그 내러티브를 재전유하여 해석해온 전통적 신학의 관점 역시 늘 성서를 해석할 만한 권위와 지식이 있는 자들의 관점에 치우쳐 있다. 지식인이며 사제이며 남자이며 백인이며 서구인이며 비장애인이며 이성애자인 관점이 주로 치우쳐온 축이다.

나눔의 구조에서 도움받는 자의 언어를 적극 경청할 때 우리가 깨닫게 되는 진리가 있다. 도움은 그들만 받고 있었던 게 아니라는 사실이다. 도움받는 자로서의 존재는 누군가를 도움 주는 자로서 존재하게 하는 존재론적 힘을 갖는다. 또한 우리가 어떤 면에서는 도움 주는 자로 존재했지만 다른 면에서는 도움받는 자로 이미 존재해왔음을 깨닫게 하는 인식론적 힘을 갖고 있다. 다양한 입장의 말들이 의사결정에 반영될 수 있는 열린 공간으로 교회를 하루속히 개혁해야 하는 이유가 바로 여기에 있다. 도움받는 자의 도움이 지금 당장 필요하다.

'도움받는 자'의 언어

06 _____

번아웃: 곁의 곁 지키기*

오늘도 누군가는 하루를 '버텨낸다'

몇 번의 도움만으로 누구나 스스로 일어나 자신의 삶을 행복하게 꾸려가는 세상이면 얼마나 좋을까? 그렇다면 도움을 받는 이도 굴욕적이지 않고 도움을 주는 이도 보람을 느끼며 도움이 필요한 다른 곳에 계속 손을 보탤 수 있을 테니 말이다.

그러나 현실을 보면 아무리 도움을 줘도 나아지지 않는 상황이 많다. 도움의 효과는 밑 빠진 독에 물 붓기처럼 금세

---

* '고통'과 '곁'에 대한 성찰은 엄기호의《고통은 나눌 수 있는가》에 많은 영향을 받았다.

기독시민교양을 위한 나눔 윤리학

사라질 뿐, 도움받은 사람의 삶이 극적으로 바뀌는 일은 거의 일어나지 않는다. 도움을 받는 이의 하루를 연장할 수는 있어도 이전과 완전 다른 삶의 변혁을 가져오기란 쉽지 않다. 그냥 오늘도 누군가는 어려운 상황을 버텨냈고 또 누군가는 그가 버텨낼 수 있도록 곁을 지켰다는 사실, 그 사실만이 명확하다. 가난, 치매, 중증장애, 중증 정신질환, 중독, 말기 암⋯⋯. 인내심의 한계를 시험하는 듯 인간의 실존에는 완전하게 풀어낼 수 없는 상황이 가득하다. 내가, 우리 가족이, 우리 이웃이 이러한 일에 처하지 않기를 기도할 수는 있지만 어느 누구도 짧지 않은 인생길에서 완전히 피해갈 수 있으리라 장담할 수 없다.

나누는 이의 번아웃을 외면해온 관습적 도덕

누군가에게 무언가를 나누는 일을 멈추지 않고 계속할 수 있는 경우는 크게 두 가지다. 먼저, 누군가를 돕는 스스로에게 도취한 상태일 때다. 그러나 여기서 살펴보고자 하는 것은 완전히 다른 사례다. 돕는 이와 도움받는 이의 삶과 인격이 나눔을 매개로 함께 성장하는 상호 관계성이 맺어지는 경우다. 처음에는 한쪽이 다른 한쪽을 돕는 것처럼 보이지만, 곧 그 도움은 역으로 돌아온다. 이러저러한 유무형의 것을 나누는 관계에 서로가 감사할 때, 상호 관계의 두 당사자는 나눔을 멈추지 않는다.

하지만 현실에서는 한쪽이 다른 쪽에 무언가를 아무리 나누어주어도 상호 관계성이 성장하기는커녕 주는 사람만 계속 주어야 하는 구도로 고착되는 경우가 많다. 주는 이의 마음이 특별히 시혜적이지 않아도 그럴 수 있다. 구도가 고착되면 어느 순간 나누는 이는 물질뿐 아니라 마음과 영혼까지 소진된다. 번아웃에 빠지는 것이다.

하지만 우리 문화에는 도움이 필요한 누군가의 곁을 지키는 이들의 번아웃에 대해 무심하거나 외면하는 관습이 오랫동안 지속돼왔다. 관습적 도덕은 주로 혈연이나 직업적 사명 혹은 종교적 소명을 이유로 '곁을 지켜야만 하는 사람'을 지목해왔다. 엄마는 중증장애나 질병이 있는 아이를, 자녀는 치매나 중독에 빠진 부모를 지켜야 한다. 빈곤이나 노동 사역에 소명을 받은 종교인은 노숙인의 곁 또는 노동운동 현장을 떠나지 말아야 한다. 주민센터 사회복지사는 자기에게 할당된 수백 명의 기초생활보장 대상자를 돕는 것으로 직업윤리를 지켜야 하며, 간호사나 요양복지사는 중병이

기독시민교양을 위한 나눔 윤리학

나 치매로 힘들어하는 이들의 고통을 덜어내는 일을 멈추지 말아야 한다. 그러나 그들이 아무리 곁을 지켜도, 많은 경우 현상 유지조차 버겁다. 긴 병에 장사 없다고, 도움이 필요한 사람들에게 일어나는 사회적 소외나 육체적 정신적 쇠약을 곁에 있는 사람이 슈퍼우먼이나 슈퍼맨처럼 끝까지 막아내기란 어려운 일이다.

번아웃의 증상과 원인

사회학자 엄기호는 《고통은 나눌 수 있는가》*에서 곁을 지키는 이가 빠지는 번아웃의 또 다른 원인을 여러 사람의 증언을 통해 보여주고자 했다. 그에 따르면, '하위주체'라고 불리는 고통 속에 있는 이들 중 상당수가 자신의 고통을 설득이나 공감을 자아낼 수 있는 언어로 제대로 설명하기보다 비명이나 침묵, 넋두리 같은 '소리' 차원으로 표현한다고 한다. 설사 말의 형식을 갖추고 있더라도 상당수는 곁을 지키는 이가 대답하기에 넌더리가 날만큼 계속 반복되는 말이거

---

* 엄기호, 《고통은 나눌 수 있는가》, 나무연필, 2018.

번아웃: 곁의 곁 지키기

나, 곁을 지키는 이의 능력을 벗어난 요구일 때가 허다하다. 그래서 어찌 보면 그러한 말은 "응답을 요구하지도, 응답할 수도 없는 말"처럼 들린다.* "일방적으로 (내 말을) 들으라는 명령"처럼 들리기도 한다.** 하지만 그 말이 응답을 요구한 말이 아니라고 해서 결코 곁을 지키는 사람에게 부담이 없는 것은 아니다. 인간은 말을 교환하며 타인과 교제하고 자기 존재의 의미를 구성해가는 언어적 존재이기에, 상호성이 배제된 언어 환경에 계속 노출되면 결국 인간다움이 손상되거나 '인간으로 살아가는 의미'를 상실하기 쉽다.

주변에서 어렵지 않게 보듯, 미·비혼 상태는 부모님 봉양을 '독박' 써야 하는 마땅한 이유가 되기도 한다. 이 책에 등장하는 한 증언자 역시 같은 경우다. 그는 심한 노환으로 생활 세계를 잃은 어머니와 한집에 산다. 그의 어머니는 젊은 시절 가계를 책임질 만큼 주체적이었지만 심각한 관절 손상으로 집 밖으로 나갈 수 없게 되었다. 그러자 그를 돌볼 책임이 한집에 사는 딸에게 전적으로 부과되었다. 외출할 수 없게 된 어머니는 그동안 자신이 가족을 위해 희생해온 것

---

*　엄기호, 앞의 책, 227쪽.
**　엄기호, 앞의 책, 233쪽.

에 허탈감을 느끼며 분노를 드러내기 시작한다. 그리고 어느새 딸은 어머니가 대놓고 분노를 쏟아낼 '만만한 사람'이 되었다. 곁을 지키며 가장 많이 돕다보니, 가장 편하고 자기 마음을 잘 알아줄 것 같은 사람이 되었다. 일상생활 의존도가 높아지자 심리적 집착까지 부려도 되는 사람으로 여기게 된 것이다.

이렇듯 상호 교제와 성숙이 사라진 채 책임만 존재하는 관계에서는 곁을 지키는 사람이 손으로는 열심히 돕는다 해도, 마음으로는 하루에도 수차례 보이지 않는, 혹은 보이는 폭력이나 학대를 저지르기도 한다. 이를 두고 '당신이 져야할 십자가'라고 쉽게 말들 하지만, 실제로는 서로 지옥이 되어버리는 경우가 적지 않다. 남들에게는 곁을 지키는 사람은 누군가의 필요에 전적으로 응답하는 선한 사람으로 보일 테지만, 마음속에서 일어나는 독박의 고립감과 피곤함, 억울함과 분노로 '남들에게 보이는 자신'과 '자기가 아는 자신' 사이의 위선으로 괴로워진다. 심각한 우울증에 빠지기도 쉽다. 이러한 상태야말로 곁을 지켜야만 하는 자의 존재를 위협하는 가장 심각한 번아웃 증상이다. 문제는 이러한 번아웃이 특별히 심약한 특정인에게만 나타나는 증상이 아니라는 점이다. 어느 인간도 자기 파괴 없이 타자의 고통에 홀로 영원히 곁이 되어줄 수는 없다. 예수도 죄인인 인간의 고통을 대신하기 위해 십자가를 졌으나, 그의 인간적 고통은 십자가의 죽음으로 일단락되지 않았던가.

번아웃을 멈추는 방법

어떻게 하면 번아웃의 비극을 멈출 수 있을까? 엄기호는 두 가지를 제안한다. 우선, 고통 속에 있는 자(도움받는 자) 스스로 자신이 매몰된 상황에서 벗어나 자기 고통을 객관적으로 바라보고 이해하는 기회가 필요하다. 저자의 말을 옮기자면, "자신의 내면에서 '자기의 복수성'을 구축"하는 일이다.* 이를 위해 그는 글쓰기를 권한다. 글쓰기의 목적은 타인에게 자신의 고통을 설명하기 전에 우선 자기가 자기 자신을 납득하는 데 상당한 효과가 있다. 자기 말을 소중히 들어줄 원천적 청자를 스스로 확보할 수 있는 것이다. 자기 고통을 객관적으로 바라볼 수 있게 된 사람은 자신의 곁을 지키기 위해 다가온 사람과도 적당한 심리적 거리를 만들 힘

---

* 엄기호, 앞의 책, 235쪽.

기독시민교양을 위한 나눔 윤리학

을 기를 수 있다. 번아웃의 주요 원인이 되는 심리적 의존도를 줄일 수 있게 된다. 그러나 이 방법에도 한계가 있다. 글쓰기에는 기본적인 인지능력, 읽고 쓰는 능력, 읽고 쓰는 데 필요한 최소한의 신체능력이 갖춰져야 하는데 세상의 고통에는 이 능력 자체가 결핍되어 발생하는 경우가 적지 않다.

엄기호가 제안하는 두 번째 방법은 다음과 같다. 바로 고통 가운데 있는 이뿐 아니라 그 곁을 지키는 이에게도 곁이 되어줄 사람이 존재해야 한다는 것이다. 앞서 말했듯이 곁을 지키는 이들 대부분은 관습적 도덕에 의해 곁을 지켜야 하는 의무를 부여받은 사람들이다. 이를 두고 엄기호는 "사랑의 이름으로 가해지는 '현존의 강요'"라고* 말했는데, 본질상 강제될 수 없는 사랑을 강제받은 이들의 모순된 상황을 적합하게 규정해낸다. 특히 그가 지적한 것처럼, 곁을 지킬 것을 알게 모르게 강요받는 사람들이 겪는 가장 큰 고통은 그가 돕는 대상이 결국 "끝까지 응답하지 않을지 모른다는 절망"이라는** 점이다. 우리는 누군가를 도우면 언젠가는 그가 자기 문제를 이겨내고 함께 삶을 나누는 일상을 회복

---

* 엄기호, 앞의 책, 241쪽.
** 엄기호, 앞의 책, 242쪽.

할 수 있으리라 기대하지만, 그렇지 않은 현실은 늘 공포스럽다.

주변에 사람들이 있다는 이유만으로도 공고해지는 '곁'

그렇다면 곁을 지키는 이의 곁이 되어준다는 것은 무슨 의미일까? 일차적으로 그가 도맡은 짐을 함께 짊어지는 방법이 있다. 학교 학생들이나 교회 청년들과 가끔 노숙인 지원기관을 방문한다. 1년에 한두 번 있을까 말까 하기에, 참여하는 젊은이들은 우리의 일회적 활동이 노숙인들에게 과연 무슨 도움이 될까 의심한다. 한 번의 봉사로 노숙인에게 엄청난 사랑을 베풀었다고 착각하는 것보다는 훨씬 건강한 생각이다. 지속적이지 않고 일회성으로 머문 도움에 대해 스스로 성찰하고 더 노력해야 하는 것이 맞다.

그러나 다르게 생각할 수도 있다. 우리는 노숙인을 직접 돕기 위해 참여했다기보다 직업적, 종교적, 인류애적 소명으로 노숙인 곁에서 자리를 지키겠다고 헌신한 전문 봉사자들을 지지하기 위해 그 자리에 참여했다고 볼 수 있다. 지지 방법으로는 성금 전달도 있고, 노숙인에게 건넬 간식을 같이 준비하는 일도 있으며, 간식과 함께 전달할 응원 메시지를 만드는 일도 가능하다. 방법이야 어찌 되었건, 전문 봉사자가 매일 밤 노숙인들 곁에 있어야 해서 그 일로 자기 존재가 고갈되는 위험을 겪지 않도록 많은 이들이 조각난 봉사 시간표를 채워 곁의 곁을 지킬 수 있다.

곁의 곁을 지키는 일은 무조건적 지지만을 뜻하지 않는다. 전문 봉사자들 마음이 처음과 달리 혼탁해지거나 무책임해질 위기에 직면할 때, 곁의 곁에서 지켜보는 이들이 존재한다는 사실만으로도 전문 봉사자들은 돕는 자로서의 양심과 책임을 엄숙하게 지켜내려고 할 것이다. 곁의 곁을 지키는 자가 많아질수록, 고통 속에 있는 사람들도 더 큰 위로와 도움을 받을 수 있다.

곁을 지키는 사람의 말을 잘 들어주는 신실한 대화 상대자가 되는 것도 좋은 방법이다. 앞서 설명했듯이, 자기 고통에 빠진 사람은 응답을 기다리며 대화를 나누기보다 절규나 고함으로 고통을 표출하는 데 익숙해지기 쉽다. 그래서 곁을 지키는 사람은 그의 말을 일방적으로 듣는 일을 강요당하고, 때때로 참다못해 절규나 고함으로 맞서기도 한다.

몇 년 전 아버지께서 알츠하이머 초기 진단을 받았다. 그때 아버지 곁을 지키던 어머니를 힘들게 했던 것은 곁에 있

123

는 사람마저 무기력하게 만드는 아버지의 우울증만은 아니었다. 아버지는 자신의 상황과 감정을 말로 표현하여 공감을 얻을 수 있는 언어사고력을 빠르게 잃어가고 있었다. 다행히 합가할 수 있는 여건과 공간, 관계적 기회가 있어서 독립하여 살던 나와 남편, 그리고 딸은 작년 여름부터 부모님과 함께 살게 되었다. 같이 사는 일에 어찌 갈등이 없겠느냐마는 그래도 아버지의 우울증은 확실히 나아졌다.

그런데 합가 이후 정작 우리를 놀라게 한 것은 어머니의 변화였다. 아버지 곁을 거의 홀로 지키던 어머니는 처음 몇 달간 나나 남편과 대화하기를 멈추지 않았다. 어머니 당신도 본인이 이사 와서 수다쟁이가 되었다고 농담을 할 만큼. 얼마 뒤 아버지도 말이 엄청나게 많아졌다. "아버지, 이제 그만 말씀하시고 식사하세요" 하고 말려야 할 만큼 질문도 늘었고 딸과 사위, 손녀에게 당부하고 싶은 것도 많아졌다. 어머니에게 아버지 말고도 대화할 상대가 생기니 아버지를 돌볼 힘이 회복되었고, 그 힘이 회복되니 아버지도 쉬이 우울해지거나 분노하지 않으면서 자기를 표현하는 능력을 조금은 회복하신 듯했다. 도움이 필요한 이의 곁을 지키는 사람에게 제 일상을 공유할 대화 상대가 주변에 있다는 사실만으로도 그 곁은 공고해진다. "곁이 없는 고통의 곁은 인간

기독시민교양을 위한 나눔 윤리학

으로서 지속될 수 없기" 때문이다.*

'의미'는 '버티는 삶'을 해석할 힘이 없다

그런데 여기서 조금 더 나아간 이야기를 하고 싶다. 신체적 정서적 번아웃을 근본적으로 완전히 벗어날 수는 없다. 번아웃 상황을 추스를 시간이 줄어들도록 최선을 다할 뿐이다. 하지만 곁을 지키는 자가 도움받는 자를 바라보는 시선이 근본적으로 바뀐다면 어떨까?

엄기호는 고통받는 자와 곁을 지키는 자, 그리고 곁의 곁을 지키는 자의 관계가 모두 상호 간에 주고받는 말로 형성된다고 전제한다. 그런데 이는 그가 근본적으로 인간을 언어적 존재로 정의하는 서양의 오랜 사고방식을 따르기 때문일 수 있다. 언어야말로 지구의 다른 생명체들로부터 인간을 구분하여 인간을 인간답게 하는 최고의 능력임을 부인하는 이는 없다. 그러나 인간 존재의 가치를 언어적 관점에서만 해석할 때 안타깝게도 놓치는 부분이 생긴다. 사람들끼

---

* 엄기호, 앞의 책, 243쪽.

리 주고받는 말, 그 말이 만들어내는 상호 관계, 그리고 그 관계 속에서 형성되는 주체의 자기 존재 찾기는 근본적으로 하나의 상위 목표를 지시한다. 말이 지시하는 의미가 인간에게 가장 가치 있으며, 제대로 된 '의미를 갈구하는 삶'이야말로 인간으로서 이룩해야 할 궁극적 목표라는 가르침 말이다.

곁을 지키는 사람이 겪는 번아웃은, 그가 아무리 곁을 지켜도 고통받는 이가 그 고통의 늪을 스스로 헤치고 나와 상호 성장과 존중의 관계를 회복하기 어렵다는 절망과 관련된다. 늘 지금과 같은 상태에 고착되리라는 사실이 문제 핵심이다. 의미 추구를 제1가치로 지향하는 세계관에서 볼 때, '고착된 삶'은 안타깝지만 '의미 없는 삶'으로 규정되고 만다. 자기가 누군지도 알아보지 못하게 될 치매 환자, 갱생이 불가능한 노숙인, 평생 침대에 누워있을 수밖에 없는 중증 장애인, 또다시 술독에 빠지게 될 알코올중독자, 죽음의 사자를 이겨내지 못할 중증질병 환자 등 아무리 곁에서 도움의 손길로 보살펴도 더는 나아질 것이 없는 사람들⋯⋯. 이들 곁을 지키는 일은 결국 큰 의미를 찾을 수 없는 허망하고 하찮은 일이 되어버린다.

사람으로 태어난 것이 부끄럽거나 아깝지 않을 정도로

'사는 것처럼 사는 삶'을 살아야 의미 있다고 생각하는 관점, 또 그렇게 살 수 있도록 돕는 일이야말로 지고한 삶의 의미를 성취하는 것으로 보는 관점에서는 하루하루 버티는 삶이나 곁에서 겨우 버티게 하는 삶을 제대로 해석해낼 힘이 없다. 어차피 '의미 없는 삶'이기 때문이다.

'의미'를 초월하는 삶

이처럼 '의미 있음'에만 매몰되면, 지루한 고통의 곁을 끝도 없이 지켜야 하는 이들이 번아웃에 빠지지 않을 방도가 없다. 그 주변인들이 그 곁을 이차적으로 구축하며 어려운 감정에 공감하고 신체적 경제적 힘듦을 함께 부담하여 번아웃에 덜 빠지게 하거나, 속히 회복될 수 있도록 돕는 것이 최선일 뿐이다. 그러나 고통의 곁을 지키고 도움이 필요한 자에게 도움을 주는 일은 근본적으로 지금보다 나은 삶, 즉 '의미 있는 삶'을 추구하는 것이 아닐 때가 있다. 현상 유지의 삶, "산 사람은 살아야" 하기에 '그냥 사는 삶'을 살도록 도와주는 일 자체가 중요할 수 있다. 하지만 의미 있음의 가치가 '살아있음'의 가치를 압도하는 세계관에서는 남을 도우며 번아웃에 빠지는 결론에서 벗어날 수 없다. 우리는 대체로 '그냥 사는 삶'을 견디지 못하기 때문이다.*

사실 서양 정신의 정수를 만들어온 기독교야말로 '의미 있음'의 가치와 '의미 있는 삶'을 최고로 추구해온 대표적인 종교이다. 기독교인들은 자신이 선택받은 사람이며, 그래서 의무가 있고, 축복과 구원도 있다고 믿어왔다. 또 그런 믿음이야말로 기독교인의 삶을 의미 있게 한다고 가르쳐왔다. 이에 반해 이러한 의미를 받아들이지 않거나 실현하지 않는 '그냥 사는 삶'은 이기적 본능만 남은 비참한 상태이며, 곧 죄의 상태라고 가르쳐왔다.

그러나 의미를 추구할 여력이 없는 삶도 현실에는 존재한다. "산 사람은 살아야 하며, 사람을 살리기 위해서는 뭐라도 하며 버텨야 한다"라는 당위가 먼저 작동하는 현실이 있다. 신학자 양명수는 이렇게 생존 자체에 매달릴 수밖에 없는 '의미 없는 삶'을 함부로 '업신여기는 것'에 대해 비판한다. 업신여김은 타자의 존재를 하찮게 여기다 못해 '없는 것처럼 여기는'(없이-여김) 존재론적 폭력이자, 존재에서 의

---

* "의미 있음"과 "살아있음"이라는 용어뿐 아니라 그 근본적 통찰은 나의 스승인 양명수 이화여대 명예교수의 《성명에서 생명으로》에서 얻었다.

128

미를 찾는 서양 전통의 존재론적 철학의 오랜 관습임을 꼬집었다. 하지만 인간의 복잡한 현실 속에는 의미를 추구하기조차 벅찬 상황이 있고, 그 속에서 '그냥 사는 삶'은 의미를 포기한 것이 아니라 초월한 것일 때가 많다. "거기서는 의미가 없어도 생생하게 사는 세계요, 무의미를 모르거나 극복한 세계"라고 봐야 훨씬 더 정당하다.*

'살아있음'을 읽어내는 눈: 감수성

그런데 놀랍게도 이렇게 '살아있음' 자체를 지속하기 위해 버티는 삶과 또 곁에서 버틸 수 있도록 돕는 삶 자체의 가치를 인정하는 눈을 갖게 될 때 얻게 되는 것이 있다. 이전에는 보이지 않던 미세한 것들을 잡아내는 감수성이 발달한다. 중증장애나 질병에 걸린 아이를 키우는 부모들은 언제나 많은 사람에게 동정의 대상이다. 돌봄과 치료에 끝이 없을뿐더러 나아질 가능성도 거의 없기 때문이다.

그러나 이러한 상황 속에서도 조금 더 잘 버티는 부모들

---

* 양명수, 《성명에서 생명으로》, 이화여자대학교출판부, 2012, 37쪽.

이 있다. 그들은 자기 아이의 곁을 지킨다고 생각하기보다 아이가 자신들 곁에서 힘겹게 버텨주고 있다고 생각한다. 그래서 지금 이 순간 살아있음에 기뻐하며, 오늘도 살아있음 자체에 감사한다. 이러한 관점에서 아이를 바라보면 남들 눈에는 잘 안 보이는 것이 보인다. 어제보다는 오늘 가래가 덜 차서 숨을 편히 쉬는 것, 언제나 침대에 누워있는 아이지만 작년보다 키가 부쩍 큰 것, 몸을 닦아주고 깨끗하게 침대시트를 갈아주니 싱긋 웃어줬다는 것 등, 남들에게는 너무나 당연하여 보이지 않는 것이 보이게 되고, 그 작은 것들에서 부모는 의미를 읽어낸다. 타인과 비교하면서 얻는 의미가 아니라 내 앞에서 숨 쉬며 살아있는 존재 자체에서 발현하는 생생한 진짜 의미, '생명 가득한 의미' 말이다.

다시 내 아버지 이야기로 돌아가보자. 알츠하이머병은 환자를 신체적으로 정신적으로 어린아이나 갓난아기 상태로 만든다. 아이에게는 성장의 소망이 있지만 알츠하이머 환자에게는 오직 퇴행만 남았기에 절망스럽다. 그래도 살아있음을 보는 가치를 배워서인지, 나는 분명 두렵지만, 아버지의 하루하루를 감사히 여기며 작은 변화에도 기뻐할 수 있게 되었다. 그런데도 가끔은 더 나빠질 것만 예견된 의학적 진단에 사로잡혀 아버지의 현재 능력이나 마음을 함부로 판단할 때가 생긴다. "아버지는 이거 못 하세요", "아버지는 이거 하면 안 되세요" 등 걱정과 배려가 담겨있다지만 결국 통제하는 말이 발화된다.

그러다 문득 이런 생각이 들었다. '내가 사는 이 세계에서는 아버지가 더 나아질 수 없는 것이 분명하지만, 나는 하나님 나라의 소망을 품은 그리스도인이 아닌가' 하는 생각 말이다. 언젠가 아버지는 아기처럼 퇴보하여 상호 대화가 불가능한 상태가 될 것이다. 그래도 우리 존재가 온전히 회복될 하나님 나라의 소망에 비추어 아버지를 새롭게 바라볼 수 있지 않을까 하는 생각이 감사하게도 솟아났다. '이 세상에서는 더 나아질 게 없는' 아버지를 다시 바라보겠다는 말이 단순히 영원불멸의 천국 소망으로 위안을 받겠다는 의미는 아니다.

하나님 나라에 대한 소망은 죽음 이후에만 이루어지는 소망이 아니다. 하나님 나라가 현재 이미 임재하였으며, 또 지금 막 다가오고 있다는 믿음에 방점이 찍힌 소망이다. 그렇다면 우리는 의학적으로 퇴보가 결정된 치매환자로 한 사람을 바라보는 단순한 시각에 매이기보다, "그가 궁극적으로 회복될 것이며, 이미 회복되었다"는 하나님 나라의 선포 속에서 그를 바라보고 대화하며 일상을 공유할 수 있지 않을까? 물론 또다시 우리는 번아웃에 침범될 수 있다. 그러나 적어도 그와 나 사이에 상호 관계성이 완전히 사라졌다고 절망하지는 않을 것이다. 언젠가 그가 내게 의미 있는 말로 응답하지 못할 상태에 빠지더라도, 하나님이 그를 통해 보이실 새 존재를 기대하기에 여전히 나와 그 사이에 상호적 관계성이 남으리라 믿는다. 이미 우리는 하나님 나라에 속해 있기 때문이다.

"믿음은 바라는 것들의 실상이요 보이지 않는 것들의 증거"라는 히브리서 말씀이 떠오른다. 이 말씀이 도움이 필요한 자들의 곁을 지키며 버텨내기 위해 고군분투하는 세상의 모든 사람을 회복시키는 희망이 되면 좋겠다. 물론 매우 어렵지만, 그래서 우리는 기도해야 한다.

누구를 먼저 도울 것인가

07 ＿＿＿＿＿＿

부모님과 합가한 뒤로 중학생 딸에게도 즐거운 일이 생겼다. 할머니나 할아버지를 뵈러온 손님들이 용돈을 주고 가는 일이 많아졌기 때문이다. 돈이 꽤 모여 원하던 물건을 살 수 있게 되었다고 좋아하는 딸에게 나는 손님들이 선물로 주신 돈이니 이웃들에게 일부를 나누면 어떻겠느냐고 제안하며 한 구호단체를 호명했다. 딸은 대뜸 "싫어. 나눠야 한다면 나는 환경단체에 기부할래" 하고 말했다. 생각보다 확고한 대답에 놀랐다. 진즉부터 환경문제에 관심이 있는 것은 알았지만 기부로 이어질 정도라니 어느새 사춘기 딸이 훌쩍 자란 것 같았다. 이후 아이에게 환경단체 세 곳을 알려주고 기부할 곳을 스스로 택할 수 있도록 했다.

우리는 무엇을 기준으로 나눔 할 곳을 선택하는가? 그 선

133

택은 존중받아 마땅할 만큼 올바른 선택인가? 큰돈도 아니고 기껏해야 이삼만 원 기부할 기관을 결정하면서 그토록 꼼꼼히 따져봐야 할까? 실제로 '누구에게 나눌 것인가?' 하는 선택 문제는 인간의 행위를 가능하게 하는 보편 원칙을 규명하는 학문으로서 윤리학이 마땅히 담당해야 할 중요한 문제이기도 하다. 솔직히 말해서, 형이상학적 논쟁으로만 보이는 고리타분한 윤리학이 가장 실용적으로 대중에게 나아갈 수 있는 좋은 주제이기도 하다.

나눔 행위의 두 기준: 위급성 vs. 친밀성

누구나 자신의 관심이나 시간, 재능, 물질을 도움이 필요한 타인에게 나누고자 할 때 선택해야 한다. 아무리 세계 제일의 재벌이라도 나눌 것이 무한정 샘솟지 않을뿐더러, 설혹 돈이 정말 많더라도 시공간의 제약이 있기에 도움이 필요한 모든 곳에 동시에 있을 수 없다. 그래서 우리는 대개 어떤 사람 혹은 어떤 문제가 더 위급한지, 더 심각한지 따지게 된다. 제한된 것을 나눠야 하니 어쩔 수 없다. 인간 실존의 한계를 이해하는 대다수 사람들은 위급성이나 심각성을 기준으로 나눔 순서를 정하는 일에, 어렵지 않게 혹은 아쉬워도 어쩔 수 없이 수긍한다. 도움이 절실히 필요했던 사람도 자기보다 더 위급하거나 어려운 상황의 사람을 알게 되면 한 발 물러서거나 심지어 얼마 되지 않는 자기 것을 그에게 얹어주는 어려운 결정을 한다. 인간은 나눔 행위의 판단 기저에서 위급성이나 심각성에 대한 인지를 통해 자기 본위의 욕망까지 초월할 수 있는 존재다.

그러나 정말 그럴까? 절대 빈곤에 처한 해외 지역 아동을 돕는 일에 "국내에도 어려운 아이들이 많은데 굳이 해외 아동까지 도와야 하느냐?"며 핀잔하는 이들이 가끔 있다. 전쟁이나 극한의 빈곤에 시달리는 해외 지역에 위험을 무릅쓰며 봉사를 가는 이들에게 "양육이나 부양 의무를 져야 할 가족은 외면한 채 생면부지의 사람들을 돕겠다고 떠나는 일이 정말로 선한 일인가?" 하고 묻기도 한다. 대한민국은 국민기초생활보장법을 통해 생활이 어려운 이들에게 생계급여, 주거급여, 의료급여, 교육급여 등 총 일곱 종류의 급여를 제공하는 복지국가다. 우리나라의 취약계층이 겪는 어려움을 결코 얕보아서도 안 되지만, 그들의 상황이 당장 긴급한 물적 인적 지원이 외부로부터 주어지지 않으면 생존 자체가 어려운 해외 지역 사람들보다 위급하거나 심각하다고 주장하기 힘든 것도 분명 사실이다. 그렇다면 이 단순한 사실만 놓고 볼 때 우리는 "왜 자기 가족을, 우리 국민을 먼저 돕지 않느냐?"는 질문에, 생존이 더 어렵고 더 심각한 곳을 선택한 거라고 명쾌하게 답해야 할 것이다.

그러나 현실적으로 대부분의 사람들은 명쾌하게 답하지 못한 채 우물쭈물한다. 정의를 지향하는 인간의 도덕의식은 나눔의 선택을 판단하는 기준에 위급성과 심각성을 고려하기를 바랄 테지만, 실제로 우리 판단은 '도움받을 이가 나와 얼마나 더 친밀한가?' 혹은 '더 가까운가?'를 우선 고려하기 때문이다.

'친밀성'을 기준으로 삼는 행위는 이기적인가

대다수 사람들이 나눌 곳을 판단할 때 먼저 친밀성이나 근접성을 기준 삼는 것은, 인간이 끼리끼리 협동 문화를 통해 집단의 생존뿐 아니라 구성원의 생존까지 도모하는 사회적 동물이기 때문이다. '더 친숙하고' '더 가까운' 구성원들 간에 협력을 수행하도록 하는 능력이 인간의 생존 본능에 내재되어 있어서, 우리가 무엇을 나누고자 할 때 친밀성과 근

136

접성을 우선 고려하는 것은 자연스러운 현상이다. 이러한 인간의 본성을 인정한다면, 우리는 자기 집단에 속한 사람들의 '더 수월한' 생존과 '더 나은' 삶의 질을 도모하기 위해 외부 집단에 속한 사람들의 위급한 생존 위기를 외면하는 나눔의 선택에 어떠한 질타나 비판을 펼치기가 어렵다. 위기 상황에서 도와주지 못해 안타깝고 미안한 마음을 품을 수는 있겠지만, '본능이 도덕보다 본질적이며, 육체성이 이성보다 우선한다'고 믿는 대다수 현대인들에게는, 적어도 논리상 따졌을 때 위급성이나 심각성보다 친밀성이나 근접성에 따라 나눔 대상을 선택하는 일이 더 적절해 보일 것이다.

그러나 윤리학적으로 보면, 나눔 선택의 기준을 정할 때 위급성(혹은 심각성)과 친밀성(혹은 근접성)이 상호 대립하는 것처럼 물음을 던지며 위급성보다 친밀성에 본질적 우위가 있다고 논증하는 전개는 서구의 오래된 이원론적 사유를 답습하는 일일 뿐이다. 다만 이원론의 위계질서에서 위/아래가 뒤바뀌었다. 과거에는 육체보다 이성이 우위에 있다거나 본능보다 도덕이 우위에 있다는 이원론이었다면, 이 새로운 관점에는 이성보다 육체가 우위에 있으며 도덕보다 본능이 우위에 있다고 전제한 이원론적 관점이 깔려있다. 여전히 육체와 이성을 분리하고 도덕과 본능을 분리하여 보는 이원

137

론이 작동한다.

논어와 히브리 성서로 읽는 나눔의 우선 기준: 친밀성

친밀성이나 근접성의 기준을 따라 자기 집단의 사람을 먼저 도운 사람에게, 보편적 도덕에 반하여 이기적 본능에 충실했다고 비난할 수 없는 또 다른 이유가 있다. 이타성과 이기성을 대립시키지 않고, 이기성의 연장에서 이타성을 설명하는 일이 윤리학적으로 가능하기 때문이다. 공자는《논어》학이편(學而篇)에서 제자가 되었다면 부모에게 효도하고(入則孝), 밖으로 나가 사람을 공경하며(出則弟), 널리 사람을 사랑하라(汎愛衆)고 했다. 가장 가까운 사람을 보살피는 좁은 사랑(孝)에서 출발하여 세상 사람들을 사랑하는 인류애까지 실천하는 일을 제자 됨의 윤리로 가르쳤다. 물론 공자의 가르침은 효나 충(忠)이 절대적으로 강조되어 가족이나 국가라는 집단을 배타적으로 먼저 돌보는 것을 정당화하는 지배 이데올로기로 쓰일 때가 있다. 그러나 그가 말하는 윤리의 핵심 가치는 가까운 사람에게서 먼 이웃에게로 돌봄의 마음과 행위를 확장할 것을 권하는 방향성에 있다고 보는 편이 더 적절할 것이다.

많은 그리스도인은 기독교 윤리의 핵심을 자기를 희생하면서까지 적을 환대하는 예수의 이웃 사랑에 둔다. 그래서 우리와 본래 친밀하거나 근접한 이들을 먼저 챙기고 여력이 될 때 먼 이웃에게도 나눔을 더하는 방식에 심리적으로 불편해하거나 죄책감을 느끼기 쉽다. 하지만 적어도 예수 이전까지의 이스라엘 역사를 담은 히브리 성서의 나눔 윤리가 공자의 나눔 윤리와 질적으로 완전히 다르다고 하기는 힘들다. 히브리 성서의 율법에도 예수의 이웃 사랑 개념과 일맥상통하는 나그네나 이방인에 대한 나눔 윤리가 존재한다. 가장 먼 이웃으로서의 나그네를 향한 학대나 억압을 금지(출 22:21)하고, 안식년에 나그네에게도 먹을 것을 베풀 것(레 25:6), 추수 때 나그네를 위해 밭에 떨어진 이삭을 모두 줍지 말 것(레 23:22)을 명령한 규정들이 이에 속한다.

그러나 히브리 성서의 나눔 윤리에는 나그네나 이방인을 위한 나눔에 앞서 부모 형제와 친족, 나아가 동족 이웃을 향한 배려와 돌봄의 책임이 더 많이, 심지어 우선적으로 언급된다. 나눔과 관련하여 율법이 가르치는 대부분의 규정들이 '이스라엘 민족'이라는 정체성을 공유하는 '친밀하거나 근접한' 이스라엘인들끼리의 협력과 연대를 존속하는 효과를 지니는 내용으로 이루어져있다. 그러니 한 인간으로서 가족과 친지, 주변 친구와 이웃, 같은 민족을 먼저 챙기는 것이, 많은 그리스도인이 심리적으로 여전히 상당한 죄책감을 품고 있을 테지만, 그리 나쁜 일은 아니다.

"왜 자국민을 먼저 돕지 않느냐?"는 질문이 왜곡하는 것들

그러나 나눔 행위를 선택할 때 친밀성이나 근접성이 위급성이나 심각성보다 우선할 수 있음을 윤리학적으로 아무리 변증할 수 있다 해도, "왜 가족을, 자국민을 먼저 돕지 않느냐?"라고 비판하는 이들이 윤리적으로 옳은 물음을 던졌다고는 결코 말할 수 없다. 이는 근본적으로 '삐뚤어진 질문'이다. 어째서인가?

우선, 존재론적으로 중요한 사실을 왜곡한다. 살다보면 우리는 어쩔 수 없이 '우리'에 속하는 사람과 '남'을 구분해야만 하는 상황에 직면한다. 그러나 우리는 결코 남과 분리되어 따로 존재해오지 않았다. 남과 우리를 연결하는 연장선은 인간 존재의 변하지 않는 본질이며, 남과 우리를 가르는 경계는 인간 존재의 일시적 우연일 뿐이다. 그러나 위 질문은 마치 남 없이 처음부터 우리끼리만 존재한 것처럼 시야를 좁힌다. '남'은 '우리'의 연장선에 존재하는 '또 다른 우리'다.

히브리 유대 정신에서 '타자의 철학'을 발전시킨 철학자 레비나스는 이제까지 절대적으로 나와 상관없는 남(타자), 심지어 적으로서의 남(타자)의 얼굴에서 빈곤함을 발견하고, 그 빈곤함의 전적 책임을 나 자신에게서 찾아내는 초월적 연결 능력을 인간 윤리성의 본질로 설명했다. 많은 종교의 진리도 결국 이와 상통한다. 내 존재가 다른 존재와 연결되어 있음을 깨달을 때 진리를 얻는다. 연결 방식이 불교가 말하는 '연기'(緣起)이건, 기독교가 말하는 '하나님의 자녀'이건, 이슬람교가 말하는 '형제애'이건 간에, 모두 나와 타자, 우리와 남 사이의 경계선보다 연결선을 강조하는 가르침이다. 삐뚤어진 질문은 바로 이 진리를 왜곡하고 은폐한다.

질문이 삐뚤어진 또 다른 이유가 있다. 결과적으로 그 질문은 단순한 구분이 아닌 차별의 효과를 내기 때문이다. 단순히 내 가족과 가족 아닌 자로 구분하거나 국민과 국민 아닌 자로 구분하지 않는다. 그 질문은 본질적으로 두 집단이 누리게 될 복지가 차등으로 주어지는 일을 정당하게 여기도록 만들고, 그 결과 남을 우리 안에 허용하지 않고 영원히 배제하는 위계질서가 유지되는 데 이바지한다. 겉으로 보기에는 '자기 몫'이나 '우리 몫'을 정당하게 지키는 정의감에서 비롯된 듯하지만, 실제로는 '나와 전혀 상관없어 보이는 타인'의 위기와 고통에도 궁극의 책임을 느끼는 인간의 거룩한 마음, 즉 '선한 마음'이 부재하다는 사실을 의미할 뿐이다. 결과적으로 이 삐뚤어진 질문은 우리 사회의 나눔 실천이 더 많은 사람에게 확산되도록 돕기보다 어렵게 나눔의 길에 나선 사람들의 의지를 반감한다. 또 나눔에 동참하지 않는 자의 세련된 자기변명이 되기 쉽다.

환대의 윤리를 '지향'한 예수의 우선순위: 위급성

삐딱한 질문에 대한 비판적 성찰에도 불구하고 친밀성이나 근접성이 대개의 나눔 선택에서 위급성이나 심각성보다 우선되는 게 윤리학적으로 타당함을 부인할 수 없다. 그러나 언제 어떠한 상황에서도 전자가 후자보다 자동적으로 우선시되는 것에는 동의할 수 없다.

　많은 그리스도인이 예수의 사역에 감동하는 까닭은 그가 유대 율법주의자들의 굳은 정결주의(안식일 법)를 따르지 않고, 병들고 빈곤한 자들의 위급하고 심각한 상황에 우선적으로 응답하면서 안식일에도 치유나 나눔의 기적을 주었다는 데 있다. 적어도 예수는 위급성이나 심각성을 나눔 선택의 제1기준으로 삼았다. 정결법에서 차선으로 밀리거나 배제되는 사람들을 우선적으로 도운 것이다. 예수의 나눔 윤리의 핵심은 위기에 처한 남보다 친밀하고 근접한 우리를 먼저 챙기는 구별의 나눔에서 벗어나 우리라는 폐쇄적 경계 너머에 있는 환대의 윤리를 지향하는 데 있다.

그러나 지향은 이미 완전히 성취된 것이 아니다. 이미 왔으나 아직 완전히 임하지 않은 하나님 나라에 대한 성숙한 그리스도인의 의식처럼, '환대의 지향'은 언제나 우리의 환대 능력이 아직 완성되지 않았음을 의식할 때에만 제대로 추구할 수 있다. 십자가 죽음과 부활을 겪기 전 나사렛의 젊은 예수도 아직은 이러한 환대의 지향 속에 있다고 파격적으로 해석할 수 있다. 귀신 들린 딸을 고쳐달라는 수로보니게 여인에게 "자녀로 먼저 배불리 먹게 할지니 자녀의 떡을 취하여 개들에게 던짐이 마땅치 아니하다"고 말하는 예수의 매정한 태도를 다시 생각해보자(막 7:24-30). 전통적으로 교회는 예수가 수로보니게 여인의 믿음을 시험하기 위해 매정함을 연기한 것처럼 설명해왔다. 그러나 그의 매정함

누구를 먼저 도울 것인가

이 연기가 아니라면, 아직 십자가를 지지 않은 나사렛 예수에게도 우리와 남을 구분하는 인식론적 구별 습성이 작동한 것으로 볼 수 있다. 그러나 중요한 것은 예수께서 수로보니게 여인의 요청에 '마음을 바꿔' 딸을 고쳐주셨다는 사실이다.

물론 이러한 해석이 초래할 교리적 위험이 있다. 이천 년을 이어온 기독교 교리는 예수를 삼위일체 성자(聖子)의 성육신으로서 아담의 죄에 물들지 않은 유일한 인간이라고 가르쳐왔다. 그런데 예수를 원래는 수로보니게 여인의 요청에 매정했다가 마음을 바꾼 이로 해석하는 것은, 결국 죄 없는 예수에 대한 교회의 오랜 고백을 부정하는 것처럼 보일 수 있다. 이단 정죄의 위험에도 굳이 파격적인 상상을 제안하는 것은 예수라고 해서 우리의 경계를 깨고 남을 환대하는 일이 당연한 것이 아니었음을 강조하기 위함이다. 남을 환대하는 일이 예수가 구원자라고 하여 언제나 당연한 것이어야만 한다면, 예수는 온전한 '윤리적 자유'의 구현자가 아니라 환대가 프로그래밍된 성부의 '이웃 사랑 아바타'에 불과할 것이다. 만약 이러한 해석을 수용할 수 있다면, 수로보니게 여인과 만난 이후 왜 예수의 선교 사역이 어릴 적부터 가깝게 여기던 '우리 유대인'의 경계를 벗어나 '낯선 이방인'

의 세계인 팔레스타인까지 확장되었는지도 자연스럽게 이해할 수 있다.

　우리 가족도 아니고 우리 민족도 아닌 이방인에게 나눔과 사랑을 전하기 위해서는 친밀성과 근접성이 아니라 위급성과 심각성을 기준 삼을 줄 알아야 한다. 더 정확히 말해, 우리와 상관없이 '멀리 있는 자'의 위급함과 심각함에 성실히 응답하며 다가가는 근접성을 회복해야 한다. 원천적으로 이웃은 물리적 거리가 아니라, '이웃-되기'라는 행위에 있기 때문이다. 예수께 수로보니게 여인과의 만남이 바로 그 기준의 순서를 바꾸는 결정적 순간이 되었던 것처럼 우리 각자에게도 그런 순간이 도래한다고 생각한다.

　우리는 자신이 소유한 것들을 우리라고 규정한 안락한 집단 속에서 친밀성과 근접성의 기준으로 상호 교환하거나 선물하는 작은 나눔의 삶을 살고 있다. 그 자체를 윤리적으로 악하다고는 할 수 없다. 그러나 예수께 수로보니게 여인이 갑자기 나타났던 것처럼, 우리라는 익숙한 경계를 깨고 완전히 '낯선 남'이 다가와 빈곤의 얼굴로 우리의 책임을 요청할 때가 온다. 그때 우리는 익숙했던 나눔의 선택 기준을 바꿀 수 있다.

　우리는 오로지 낯선 이의 위급하고 심각한 위험만을 실

천 기준과 동기로 삼아, 그의 따뜻한 이웃이 될 수 있다. 그러나 그 요청에 곧장 응답한 예수와 달리, 집이나 형제자매, 어머니나 아버지와 같이 친숙한 우리를 버릴 수 없어(막 10:29) 낯선 남의 도래를 근심하며 돌아간 부자 청년도 있다(막 10:22). 익숙한 나눔 기준을 바꿔 우리와 남의 경계를 초월해야 하는 결정적 순간, 십자가와 부활의 예수 그리스도가 회복시켜준 자유를 다시금 '죄 짓는 선택'으로 스스로 포기하는 이들도 있다.

위급하거나 친밀한 것을 엄격히 구분하는 일은 불가능

기독교 윤리학 측면에서 볼 때, "왜 내 가족을, 우리 국민을 먼저 돕지 않느냐?"라는 질문이 던진 나눔 기준의 논쟁은 사실 중요한 것을 놓치고 있다. 인간이 당하는 고통은 다양하고 서로 얽혀 있어서, 상호 비교를 통해 정말로 위급하거나, 우선적으로 친밀한 것을 완전하게 판단해내는 일이 거의 불가능하다는 사실이다.

예를 들어, 구한말 한국 여성들의 인간다운 삶에 대한 사명을 갖고 입국한 미국 선교사 스크랜튼 부인과 후배 선교사들은, 고아와 어린이들을 위해 보육시설을 겸해 기초교육 학교인 이화학당을 개교하고, 학당이 안정되자 중고등 교육, 나아가 대학 교육까지 꿈꾸며 학교를 키워간다. 이때 사회의 남성 주류 지도층은 여성에게 글자 교육과 좋은 어머니가 되는 교육의 이상을 실현해가는 이화학당 선교사들의 꿈을 비웃으며, 차라리 기초교육학교를 확장하는 일이 더 낫다고 비판했다. 그들 눈에는 더 많은 여성이 글자를 깨우치는 것이 더 급한 일이었다.

그러나 선교사들은 다른 선택을 했다. 비록 소수더라도 여성 지도자들을 길러내는 선택을 한 것이다. 물론 학당의 담장 너머 다수 여성들에게 기초교육을 확대하는 일과 소수 여성들을 지도자로 길러내는 일은 우열을 가리기 힘들 만큼 다 중요하다. 그러나 여성이 남성과 동등하다고 생각지 못했던 19세기 말, 선교사들은 나름의 기준으로 제한된 재정과 역량 안에서 '교육의 나눔을 누구에게 먼저 제공할 것인가?'에 응답하며 선택하였다. 그들 역시 그 길이 과연 옳은 길인지 확신할 수 없는, 희망과 두려움이 공존하는 선택이었을 것이다.

다만 그들은 교육의 기회를 갈급히 요청하는 조선 여성들에게 우선적으로 성실히 답했고, 그곳에서 많은 여성이

구한말 많은 남성들처럼 민족에 헌신하는 인물이 되기도 했고 민족을 배신하는 인물이 되기도 했다. 분명한 것은 이러한 역사의 부침에도, 선교사들의 선택이 이 땅에 여성 고등교육의 기회를 앞당겨 여성 복지 실현에 공헌했다는 점이다. 이화의 선교사들이 그 일을 다 감당했다고는 말할 수 없으나 그 일의 시작에 그들이 있었음을 부인하기 힘들다.

이웃의 '헐벗은 얼굴'을 마주하게 하는 하나님

또 하나 짚어야 할 점이 있다. 삐딱한 질문은 근본적으로 나눔의 선택을 온전히 나누는 자가 결정한다고 전제한다. 그러나 신학적으로 말해, 나누는 자가 누구에게 나눌지 말지 선택하도록 하는 결정적 순간을 허락하시는 분은 하나님이다. 레비나스는 일상에서 무수히 많은 타자들의 삶에 관심을 두지 않던 이가 어느 날 갑자기 한 타자의 고통스러운 얼굴을 직면하면서 자신에게 절대적 책임을 호소하는 순간을 포착한다. 그리고 이러한 경험을 타자의 얼굴을 통해 "그를 죽이지 말라"라는 초월자의 '무한 명령'이 계시되는 순간으로 설명했다.

예수께서 부자 청년에게 '가난한 이들'의 얼굴을 보여주었으나, 청년은 그 자리에서 떠나갔다. 도울지 말지 선택하는 것은 철저하게 각자의 자유이지만, 세상에 도움이 필요한 무수히 많은 사람 중에 내가 책임져야 할 바로 그 사람을 '헐벗은 얼굴'로 마주하도록 하시는 분은 하나님이다. 그래서 우리 각자가 만나게 되는 타자들, 도와야 할 타자들은 다 다르다. 누군가는 해외 아동의 얼굴에서, 누군가는 국내 장애인의 얼굴에서, 누군가는 자기 부모의 얼굴에서, 누군가는 노숙인의 얼굴에서, 누군가는 노동자의 얼굴에서, 누군가는 쫓겨난 상인의 얼굴에서, 누군가는 난민의 얼굴에서, 누군가는 죽어가는 북극 동물의 얼굴에서 나의 도움이 절대적으로 필요한 '빈곤한 얼굴'을 마주하게 될 것이다.

그리고 바로 그 얼굴 뒤에 "지극히 작은 자 하나에게 한 것이 곧 내게 한 것이니라"(마 25:40)라고 말씀하시는 하나님이 계시다. 이제야 비로소 삐딱한 질문은 완전히 폐기될 수밖에 없다. 그리고 폐기된 자리에 이 말을 대신 채울 것이다. "나는 보지 못했는데 당신이 보았군요. 나대신 돌보아주어 고맙습니다."

무수히 다양한 작은 자들 가운데 우리는 각자 다른 얼굴 속에서 같은 하나님의 얼굴을 마주한다. 이제 우리는 하나님의 얼굴을 유일하게 본 얍복강의 야곱처럼 씨름한다. 그 명령에 응답하느냐 마느냐 하는 마음의 씨름 말이다. 그 씨름에 이기느냐 지느냐는 오로지 나 자신에게 달려있다. 그것은 하나님의 책임이 아니라 오직 나의 책임이다.

사회보장제도,
그리스도인에게 '약'인가 '독'인가

사회적 연대를 경험한 어머니의 변화

아버지가 알츠하이머 치매를 진단받은 뒤 얼마 지나지 않아 어머니의 활동이 크게 위축되었다. 가끔 외출 중에 길을 잃어버리는 아버지를 찾아 가족들이 고생하는 모습을 보았기에 어머니는 아버지의 일거수일투족을 파악하고 있어야 했다. 어머니는 아무리 한집에 같이 살아도 직장생활을 하는 딸과 사위를 힘들게 하고 싶지 않았다. 치매라는 질병의 그림자는 평생 함께 살아온 배우자의 삶에도 드리운다. 우리 어머니 역시 예외일 수 없었다. 그런데 아버지를 돌보는 어머니의 태도가 전향적으로 바뀌게 된 계기가 생겼다. 아버지가 치매 노인을 위한 장기요양 서비스의 수급 대상이 되면서 어머니가 '가족 요양보호사' 자격으로 아버지를 '전문적으로' 돌보며 국가로부터 60여만 원(휴일 없이 매일 1.5시간 노동으로 인정)의 월급을 받게 된 것이다.

아버지가 진단받기 1년 전쯤 어머니는 우연한 기회로 요양보호사 자격증을 따두었는데, 자기 가족을 돌볼 때에도 자격증을 활용할 수 있게 되었다. 가족 요양보호사로 인정받아 월급을 받을 뿐 아니라 사회복지사에게 업무가 보고되고 관리를 받게 되면서 어머니는 이 일을 누구보다도 열성적으로 해내고 있다. 부부라는 이유로 피할 수 없게 된 돌봄이 국가 복지제도를 통해 '돌봄노동'으로 인정받고 보상받게 되면서 자신이 하는 일의 공적 의미와 돌봄노동의 가치, 자신을 지지해주는 사회적 연대를 발견했다. 내게도 이 경험은 아이의 초등학교 무상급식 혜택 이후 가장 크게 국가의 존재를 느낀 사건이었다.

그러나 모든 국민이 사회복지의 확장에 동의하는 것은 아니다. 새로운 사회복지 서비스를 만들기 위해 사회적 논의를 펼치거나 기존 복지제도를 확대하고자 할 때, 여전히 많은 이가 제도의 필요성과 효용성에 반감을 표한다. 그러나 나눔이 선한 개인들의 자선이나 봉사 같은 개별 활동으로만 남지 않고, 사회제도로 자리 잡을 때에야 비로소 우리 모두 서로 존중하며 존엄히 살 수 있는 기본 조건이 마련될 수 있다. 나눔의 동기는 사랑이지만 나눔의 효과는 사회 정의로 나타나야 하기 때문이다.

자유주의자들이 사회보장제도를 반대하는 이유

우선 많은 사람들이 잘 안다고 생각하지만, 사실은 정확히 알지 못하거나 심지어 왜곡하고 있는 내용들을 짚고 넘어가야 한다. 사회보장제도란 '사회 안전'(social security)을 보장하기 위해 국가나 지방정부가 운영하는 공공부조와 사회보험, 사회복지 서비스의 총체를 뜻한다. 사회 안전을 보장한다는 말은 시민 개인이 겪는 빈곤이나 실업, 은퇴, 질병, 장애 등 예기치 않게 발생하는 삶의 어려움을 사회적으로 안전하게 대비하겠다는 뜻이다. 동시에 시민 개개인의 안전한 삶을 통해 사회 안전도 지속적으로 지켜내겠다는 의미를 포함한다.

그러나 시민 모두의 안전을 보장하기 위해서는 의식주뿐 아니라 건강, 자녀 양육과 교육, 문화 향유 등의 필요가 생애 전 주기에 걸쳐 기본적으로 충족되어야 한다. 당연히 경제적 비용이 상당히 많이 든다. 그래서 국가는, 식민지가 있는 제국이거나 석유가 쏟아지는 산유국이 아니라면 시민이나 기업, 기타 법인 등 사회 모든 경제 주체들에게 강제적으로 부담을 안겨 충당할 수밖에 없다. 물론 이 부담의 강제성은 정부가 임의로 집행하지 않고 입법부의 입법 과정을 통해 법률적 절차에 따라 집행된다.

그러나 아무리 이 강제성이 합법적이라도, 여전히 많은 사람이 국가 주도 사회보장제도에 부정적이거나 심지어 거부하기도 한다. 우선 그런 반응은 심정적으로 일어난다. 삶의 기본적 안전을 각자의 노력과 능력으로 해결해야 한다고 생각하는 사람이라면, 노력과 능력이 부족해서 발생한 이웃의 불행을 시민 모두가 함께 나눠서 책임지자는 말에 쉽게 동의하기 힘들다. 그 핵심에는 자기 생명과 재산을 가장 우선시하는 이기심이 자리한다. 그렇다고 이러한 심정을 지닌 사람들에게 함부로 이기적이라고 비난을 퍼부어서는 안 된다. 이념적으로 이들은 스스로를 '자유주의자'라 부르며 나름 합리적인 저항 이유를 찾아 자신의 입장을 설명하기 때문이다.

이들은 기본적으로 부의 차별이 산업을 활성화해 사회 전체 부를 확장하는 데 효과적일 뿐 아니라, 전체 부가 커지게 될 때 빈곤 문제도 자동적으로 해소된다고 믿는다. 만약 그 해소가 지지부진하다면 부유한 자들의 '자발적 자선'으로 보완하면 족하다고 생각한다. 자유주의자들에게 국가는 국민과 기업의 생명과 재산을 지키기 위해 최소한의 치안과 국방만 담당하는 작은 정부 역할이면 충분하다. 인권의 제1권리를 자유권이라 믿는 이들은 누군가의 빈곤을 돕겠다는 대의로 국가가 다른 시민의 재산을 '강제 징수'하여 분배하는 것을 가장 중요한 시민의 제1권리를 침해하는 행위로 인지한다. 심지어 그들은 국가가 주도하는 사회보장제도를 사회정의 실현으로 보기보다 공산주의로의 오염으로 인식하기도 한다.

자유주의 정치 경제 시스템을 옹호해온 한국교회

'순수' 자유주의자들은 서양의 정치경제 시스템을 받아들인 어느 현대 국가에나 존재한다. 우리 주변에서도 쉽게 만날 수 있다. 다른 나라들과 비교했을 때 한국의 자유주의는 역사적으로 특수하게 보수 개신교 집단이 주도해왔다. 그 시작점에는 사회 선교보다 신앙의 자유와 경건을 중요시하는 청교도주의의 후예인 미국 보수 교단 선교사들이 있다. 한국교회는 해방과 함께 미국의 자유주의 정치경제 시스템(자유민주주의와 자본주의)을 남한 사회에 자리 잡게 하는 데 열성적인 주체였다. 물론 군부 쿠데타나 독재가 자유민주주의를 정면으로 위배한다는 사실에는 무지한 채 말이다.

남북한 분단 체제에서 종교의 자유는 정치적 자유와 경제적 자유까지 포함하여 불가분 관계로 신성하게 지켜져야 할 부분으로 여겨왔다. 자본주의가 부자와 기업의 경제적 자유 보장을 위해 저지르는 포악성에 대해 민중신학이나 도시산업선교와 같은 비판적 입장이 전혀 없었던 것은 아니다. 하지만 대부분 한국교회는, 막스 베버(Max Weber)의 《프로테스탄트 윤리와 자본주의 정신》(*The Protestant Ethic and the Spirit of Capitalism*)의 이론이 그대로 실현되었다고 해도 무리가 없을 만큼 '아시아 유일의 국가'로, 국가 경제 성장, 국민 자산 성장, 나아가 교회 선교 성장을 동시에 이룩한, 금세기 가장 '축복받은 국가'의 주역으로 스스로를 정체화했다.

물론 한국교회와 개신교인들이야말로 이웃의 불우한 삶에 가장 열심히 나눔을 실천한 '선한 자유주의자들'임을 부인할 수 없다. 이들은 가난한 이웃을 위한 기부, 자선, 사회

봉사 활동에 어느 종교인들보다도 헌신하였다. 다양한 민간 사회복지기관과 구호기관을 설립하여 예수의 이웃 사랑과 선교 사명을 다하는 데 충성했다. 그러나 한국의 자유주의 그리스도인들 역시 세속의 자유주의자들과 다르지 않게 사회보장제도를 확장하여 국가가 사회 취약층을 직접 돌보는 일에는 부정적 입장을 취해왔다. 여전히 냉전적 사고 체계가 실효를 내는 한국교회에서 부의 재분배를 초래하는 국가의 복지 정책들은 시민들의 정치경제적 자유뿐 아니라 종교의 자유까지 억압하는 공산주의나 사회주의 국가의 배급 제도처럼 인지하고 있기 때문이다.

사회보장제도의 반전(?)적인 기원과 발전 과정

그러나 이러한 생각은 잘못된 사실에 근거한다. 현재 우리가 목도하는 국가 주도 사회보장제도의 기원은 공산주의 국가가 아니다. 오히려 사회보장제도는 빈부격차 문제가 자본주의 국가의 안전과 경제 성장을 저해하는 상황을 염려하며 자본주의가 스스로 고안해낸 보완 정책에서 출발했다. 실제로 근대 산업국가의 사회보장제도 시초로 일컬어지는 영국의 엘리자베스 구민법(Elizabethan Poor Law, 1601)은 자본주의 산업혁명의 최초 발상지 국가에서 교회가 주도하던 빈민 구제 활동을 국가가 넘겨받아 성문화한 최초의 복지법이다. 또한 이 법은 현재 대다수 자유민주주의 국가에서 형편에 맞게 운영 중인 다양한 공공부조 제도의 뿌리가 된다.*

공공부조와 함께 사회보장제도의 또 다른 핵심 축을 이루는 사회보험(국민건강보험, 국민연금, 산재보험, 고용보험, 장기요양보험 등)도 마찬가지다. 일반적으로 사회보험의 시작을 19세기 말 독일제국의 비스마르크 총리가 도입한 질병보험(1883)과 재해보험(1884), 노령연금제도(1889)에서 찾는다. 이러한 사회보험 도입이 당시 유럽 노동계에 빠르게 확산되던 급진적 사회주의를 견제하고 노동자를 회유하기 위한 온정주의적 복지제도였다는 사실을 사회복지 기초 이론을 배운

---

* 국가나 지방자치정부가 생활이 어려운 주민에게 현금이나 현물 지원으로 최소한의 생활을 보장하는 제도. 우리나라는 '국민기초생활보장제도'라는 이름 아래 총 일곱 가지 급여(생계급여, 주거급여, 의료급여, 교육급여, 해산급여, 장제급여, 자활급여)를 지급한다. 특히 정부가 정한 최저생계비(중위소득의 30-50퍼센트, 급여 항목별로 기준 상이)보다 적은 소득이 발생하게 되면 '기초생활수급자'로 선정되어 생계, 의료, 주거, 교육 급여를 받을 수 있다. 기초생활수급자가 아니어도, 상황의 긴급성에 따라 국가로부터 직접적인 지원을 요청할 수 있는 긴급복지지원제도나 만 65세 이상의 노인 중 소득하위 70퍼센트에 해당하는 이에게 지급되는 기초연금, 중증장애인에게 지급되는 장애인연금이 공공부조에 해당한다.

기독시민교양을 위한 나눔 윤리학

사람이라면 누구나 안다. 비스마르크는 사회보험 도입을 자신의 정략적 목적을 이루는 도구로 사용했던 것이다.

반면, 그의 곁에서 새로운 사회보험제도들을 기획하고 국가의 공공정책으로 실행하여 가난한 노동자와 빈민을 위해 진심으로 사회를 개혁하고자 했던 이가 있는데, 바로 테오도르 로만(Theodor Lohmann)이다. 그의 공헌을 아는 이는 많지 않다. 그는 신실한 루터교 교인으로 독일교회 디아코니아 사역에 힘을 쏟았던 내방선교중앙위원회(Central-Ausschuss für die Innere Mission)에 깊이 가담한 인물이다. 1848년 요한 힌리히 비헤른(Johann Hinrich Wichern)을 중심으로 만들어진 내방선교중앙위원회는 산업화 이후 증가하게 된 독일 도시 빈민들을 구제하기 위해 평신도 교인들이 자발적으로 조직한 디아코니아 사역단체다. 이 단체는 가난한 도시 빈민들의 신앙생활에 결정적 방해가 되는 사회 빈곤을 해결하는 데 주력하면서 로만과 같은 인물을 통해 '사회보험'을 구현해 시민들 간의 협력과 연대가 공적인 제도로 자리 잡게 하는 데 관여하였다.* 이 단체는 이후 독일교

---

* 홍주민, "개신교와 연대정신-독일 디아코니아운동의 역사", 〈역사비평〉, 2013. 2, 107-130쪽.

사회보장제도, 그리스도인에게 '약'인가 '독'인가

회가 '사회개신교'(Der Soziale Protestantismus)라는 이름 아래 독일 사회가 시민의 자유권뿐 아니라 '사회권'(인간다운 생활을 할 권리, 생존을 위한 기본적 필요를 충족시키는 생활권)까지 보장하는 의무에 최선을 다하도록 독일 그리스도인들의 정치적 역량을 모으는 데 중요한 시발점이 되기도 했다.

사회보장제도는 자본주의의 자구책

여기서 국가 주도의 사회보장제도를 무조건 칭송하거나 선전하려는 것은 아니다. 전달하고자 하는 사실은 단순하다. 사회보장제도는 오늘날 자유주의 그리스도인들이 확신하는 바와 달리 공산주의에서 배웠거나 공산주의를 따라가는 제도가 아니라는 점이다. 서구의 대표 복지국가인 영국과 독일의 사례처럼, 사회보장제도는 오히려 공산주의와 대결하는 가운데 자본주의가 내부적으로 양산되는 문제들을 해결하고자 하는 자구책에서 발생하였다. 그러니 자유주의 그리스도인으로서 선량함을 지키고 싶다면, 오히려 국가 주도의 사회보장제도가 부여하는 의무에 더 참여하고 그 권리를 적극 누려야 할 것이다. 그것이 바로 당신이 확신하는 자유주의 정치경제 체제가 안전하게 유지되기 위한 보완 장치이기 때문이다.

실제로 2차 세계대전 패망국이었으나 최단기간 세계 최고의 사회보장제도를 갖춘 나라로 탈바꿈한 독일은 헬무트 콜(Helmut Josef Michael Kohl)과 앙겔라 메르켈(Angela Dorothea Merkel) 총리로 대표되는 '독일 기독교민주연합'(기민당)이 약 40년간 정권을 지켜오고 있다. 이 당은 유럽의 대표 중도우파당으로, 당연히 급진좌파나 공산주의와는 대적을 이루고 있다.

국가 주도의 사회보장제도는 좌파 이데올로기의 침투가 초래한 반체제 음모가 아니다. 오히려 우파 이데올로기가 거대 시장 체제를 유지하기 위해 필연적으로 파생한 보완책이다. 실제로 자본주의 아래 빈곤의 늪에서 허덕이는 노동자들의 삶을 탁월하게 그린 켄 로치 감독의 영화 〈나, 다니엘 블레이크〉에서 이러한 사실을 확인할 수 있다. 감독은 한 실업급여 수급자와 어린 싱글 맘의 삶을 통해 "요람에서 무덤까지"로 대표되는 영국 사회복지제도가 은폐하고 있는 신자유주의의 전 지구적 통치를 신랄하게 고발한다.

그렇다면 독자는 이쯤에서 묻지 않을 수 없을 것이다. "그래서 국가가 주도하는 사회보장제도에 참여하라는 말

161

인가? 아니면 제도뿐 아니라 체제 자체에 저항하라는 말인가?" 그러나 이 혼란은 내가 개인적으로 초래한 혼란이 아니다. 근본적으로 바울과 아우구스티누스, 루터를 통해 발전한 기독교 정통 국가관에서 초래되었다고 해야 맞다.

기독교의 정통 국가관에서 초래된 혼란

바울, 아우구스티누스, 루터, 세 신학자는 각자 서술 방식과 오묘한 입장 차이에도 불구하고, 그리스도인들이 이 땅에 거주하는 한 임시로 인간 나라와 하나님 나라 모두에 속할 수밖에 없음을 공통적으로 인정했다. 또한 세상에 실재하는 악인들의 악행을 통제하고 처벌하는 '칼'의 사용(공권력)을 국가의 임무로 인정하여, 국가가 타락한 세상의 임시적인 질서를 최소한 확보할 수 있다고 보았다.

신학자들은 국가라는 제도가, 이스라엘 백성이 주변 강국처럼 전쟁을 원하여 스스로 '억압적인' 왕의 제도(국가)를 원했던 불의한 동기에서 시작되었음에도 불구하고(삼상 8:1-22), 현실적으로 제한된 범위 안에서 시민의 안전과 복지를 일정 부분 도모하며, 시민 간 권리 침해를 심판하고 사회정의를 최소한으로나마 실현하는 집행자가 될 수 있다고 보았다. 그리고 이러한 관점에서만 "모든 권세는 다 하나님께서 정하신 바라"(롬 13:1)라는 말씀이 억압과 착취의 정권을 비겁하게 비호하려는 불의한 의도에서 나온 것이 아님을 이해할 수 있다.

그러니 악행을 통제하고 사회적 약자를 보호하는 사회정의 실현을 위해 고군분투하는 국가라면, 바울의 권면처럼 국가에 대한 납세 의무 이행을 그리스도인들이 피해갈 이유가 없다. 쉽게 말해, 국가가 사회보장제도를 통해 완전하게는 아니더라도 사회정의를 '더 많이' 실현한다면 거기에 그리스도인들이 참여하지 않을 이유도, 명분도 없다는 말이다.

실제로 루터는 이렇게 썼다. "(세속 정부의) 칼은 온 세상에 대하여 평화를 유지하고 죄를 벌하며 악을 방지하기 위해 유익하고 필요하기 때문에, 그리스도인은 기꺼이 칼의 통치에 복종하며 세금을 내며 권세자들을 높이며 정부를 촉진하는 일을 돕고 자신이 할 수 있는 모든 것을 행함으로 정부가 존중과 두려움 속에서 유지될 수 있게 한다."* 평생 개신교 신앙을 떠나지 않았던 프랑스 현대 철학자 폴 리쾨르도

---

* 마르틴 루터, 《루터 선집》, 이형기 옮김, CH북스, 1994, 446쪽.

사회보장제도, 그리스도인에게 '약'인가 '독'인가

바울과 아우구스티누스에 이르는 국가관의 현대적 의의를 분석하며 "휴머니티(인류애)는 정치에 의해 보존만 되는 것이 아니라, 교육되며, 제도로 안착되고, 나아가 발전할 수 있다"라고 긍정적인 면을 강조하였다.* 이는 인간의 탐욕적 야망에서 탄생한 국가 통치 권력의 태생적 한계를 은폐하기 위해서가 아니었다. '한계에도 불구하고' 국가를 통해 도모할 수 있는 선한 일의 가능성을 더 중요하게 본 것이다.

그리스도인들은 사회보장제도에 어떤 태도를 취해야 하나

여기서 질문이 하나 생길 것이다. 국가가 사회정의를 지키기 위해 하는 일이 그토록 의미 있다면, 세속 국가가 하나님 나라와 온전히 일치될 수 있도록 강력하게 운동을 펼치면 되지 않겠느냐고 말이다. 유구한 교회 역사 가운데 그런 꿈을 꾼 자들이 없지 않았다. 하나님 나라의 법으로 세속 국가를 완전히 통치하겠다는 신정 국가 지지자들이나, 반대로 세속 국가가 합리적 진보를 통해 저절로 하나님 나라로 나

* Paul Ricoeur, *Histoire et Vérité*, Paris: Seuil, 1995, 27.

기독시민교양을 위한 나눔 윤리학

아갈 것이라고 믿는 낙관론자들이 존재했다.

그러나 기독교 내 다양한 국가관의 등장에도, 오랫동안 그리스도인 다수의 지지를 받아온 바울과 아우구스티누스, 나아가 루터로 이어지는 국가관은 하나님 나라와 인간 나라가 궁극적으로 불일치한다는 주장을 끝까지 포기하지 않는다. 단순히 세속 국가에 대한 비관론에서 그 이유를 찾아서는 안 될 것이다. 역설적으로 하나님 나라와 인간 나라의 궁극적 불일치 속에서 하나님 나라는 인간 나라의 불의를 비판하는 기준점이 된다. 나아가 이 불일치는 계속 돋아나는 불의와 끝까지 싸우며 인간 나라가 하나님 나라로 가까이 나아가게 하는 궁극적인 목표를 부여한다.

그렇기에 국가의 임무에 대한 인정과 국가권력을 향한 찬양은 다르다. 찬양에는 근본적으로 비판이 금지되어 있으나, 인정은 비판을 통해 더 높은 단계로 나아가게 하는 조건이 된다. 루터는 "국가는 악을 벌하고 선을 보호하기 위한 하나님의 사자이자 일꾼"이지만,* 국가권력을 장악한 악한 군주들 때문에 제 일을 못 할 수 있음을 경고하였다. 그 때문에 세속 권력에 대한 그리스도인들의 불복종 역시 분명히

---

* 마르틴 루터, 앞의 책, 452쪽.

사회보장제도, 그리스도인에게 '약'인가 '독'인가

가능하다고 믿었다.

원래 문제로 돌아가보자. 그리스도인들은 국가 주도의 사회보장제도에 대해 어떠한 태도를 취해야 하는가? 저항인가 참여인가? 이 선택의 기준이 공산주의인지 자유주의인지로 구분될 수 없다. 공산주의도 자유주의도 인간 나라를 지탱하는 이념 체계에 불과하다. 이념은 사회적 존재인 인간이 공동체를 이루고 살아야 하는 인간 나라에서 만든 제도로서 유효하다.

그러나 하나님 나라는 그 너머에 있다. 하나님 나라가 완전히 도래하는 날까지 그리스도인들은 인간 나라에서 인간이 자구책으로 만들어낸 제도들을 존중하면서도, 하나님 나라를 기준으로 평가하며 참여할 수 있어야 한다. 다행히 하나님 나라의 기준은 복잡하지 않다. 농사지을 땅이 없는 고아와 과부, 나그네도 추수철 부잣집 논밭 한구석에서 눈치 보지 않고 수확물을 거둬갈 수 있는 나라, 돈 없이도 질병을 치료받을 수 있는 나라, 장애가 있어도 일상생활로 복귀할 수 있는 나라, 생계가 막막한 여성이 자신의 존엄성을 잃지 않고 생존할 수 있는 나라, 악법의 비호 아래 이웃의 돈을 착복하던 관리가 제 불의를 깨닫고 그것을 다시 내어놓는 나라, 부유한 도시의 성도들이 가난한 도시의 성도들을 위해 연보로 연대하는 나라. 이것이 바로 하나님 나라의 기준이다. 공통적으로 고통 속에 있는 이웃을 더 특별하게 보호하는 데 초점이 맞추어져 있다.

이 기준에서 볼 때, 현재 한국 사회의 국가 주도 사회보장제도는 여전히 미흡하다. 제도의 사각지대에서 삶의 행복은커녕 생존조차 어려운 사람들이 존재한다. 이들의 존재가 계속되는 한, 그리스도인들은 인간의 제도를 통해 어떻게 하면 더 많은 사람을 지켜낼 수 있는지 함께 고민하고, 비판적 입장을 견지하면서도 적극적으로 참여해야 한다. 우리가 공산주의자거나 자유주의자여서가 아니라 오직 하나님 나라의 시민이기에 참여할 의무가 있다.

그리스도인으로서 인간 나라의 제도가 더 많은 사회정의를 실현할 수 있도록 기여하기를 거부한 채, 개인과 교회의 선의에만 의지하여 자선, 기부, 봉사에 매달리는 것은 결국 이웃의 빈곤과 고통을 지속시키는 결과를 초래할 것이다. 이웃의 빈곤과 고통은 대부분 개인 차원에서 발생하는 문제가 아니라 현대사회의 구조적 차원에서 일어난 문제이기 때문이다.

기본소득제도

마지막으로 국가나 지방정부가 개인 자산이나 노동·취업 여부와 상관없이 시민이라면 누구에게나 보편적으로 일정 소득을 지급하는 복지제도인 '기본소득제도'에 대해 언급하도록 하겠다. 인간 노동이 생산의 핵심을 담당했던 기존 산업 체제에서, 국가는 노동의 대가로 주어지는 소득에 비례하여 거둔 조세와 공공보험료를 중심으로 사회보장제도를 이끌어갈 재정의 상당 부분을 충당해왔다. 또한 같은 기준으로 공공부조나 건강보험, 실업수당, 나아가 노후연금 등의 배분 정도를 정해왔다.

그러나 인간의 육체노동뿐 아니라 지적 노동까지 로봇과 인공지능으로 대체되어가는 오늘날은 세금이나 공공보험료를 제대로 낼 만한 좋은 일자리들이 빠르게 사라지고 있다. 모두가 정규직의 좋은 일자리를 원하지만, 상당히 많은 일자리가 비정규직의 나쁜 일자리로 바뀌고 있다. 심지어 노동자로도 제대로 불리지 못하는 열악한 노동 조건에서 일하는 특수고용과 플랫폼 노동자들이 빠르게 증가하고 있다.

이러한 노동자들은 국가에 납세 의무를 다하기도 전에 월세, 대출금, 식비, 의료비로 통장 잔고를 모두 소진한다.

'노동 빈곤계층'이라 불리는 새로운 부류의 사람들은 대부분 공공부조(기초생활수급) 혜택을 받을 수 있는 조건을 약간 초과하는 차상위계층이다. 이들은 사회보험으로 질병이나 실업, 은퇴 시에 안전한 삶을 보장받을 만큼의 납입을 제대로 하기에도 버겁다. 즉 기존 사회보장제도로는 삶의 안전을 보장받지 못하는, 사회안전망 외곽에 존재하는 사람들이 다수인 시대가 되었다는 말이다.

이러한 문제의식에서 바라보면, 기본소득제의 등장은 노동을 인간의 거룩한 소명으로 가르쳐온 프로테스탄트 노동윤리에 변화를 요구하는 것으로 보인다. 근면과 성실의 노동윤리는 인류 문명에서 대량생산 산업이 시작되어 일자리가 쏟아져 나오던 시기에 적합한 윤리였다. 그러나 일하고 싶어도 (좋은) 일자리가 없는 시대에는 다른 방식의 윤리적 응답이 필요하다. 기본소득제가 그에 대한 정확한 해답인지는 아직 분명치 않다. 다만, 그리스도인들은 예수의 포도원 품꾼들 비유를 통해, 이스라엘 광야 40년의 만나와 메추라기 기적을 통해, '인간답게 생존할 권리'가 노동 의무를 수행할 때에만 확보되는 것이 아님을 깨달아야 한다. 이러한 사고의 전환 속에서 그리스도인들은 사회의 고통받는 자들이 우리와 더불어 어떻게 하나님 나라에 가까운 존엄한 삶

169

을 살도록 노력할 수 있는지 함께 고민해야 한다. 기본소득 제도 바로 그 고민 중 하나가 될 것이다.

비정규직 차별 논쟁: '염치의 윤리'로 보기

비정년 교수가 보는 비정규직 문제는 객관적인가?

2022년 현재 내 신분은 10년째 '비정년 교수', 즉 계약직 교수다. 실존적 문제 때문이었을까? 현재 한국에서 일어나는 사회 갈등 중 가장 치열한 '비정규직 문제'를 나눔 윤리학 관점에서 풀어내 봐야겠다고 생각했다. 그런데 걱정이 앞섰다. 우선, 내 신분으로 인해 이 글에서 펼쳐질 내용의 공정성을 문제 삼을 수 있다고 생각했다. 그러나 이 주제와 관련해서는 누구도 편파적이지 않으면서 절대적으로 '객관적인 관점'에서는 말할 수 없을 것이다. 비정년 교수가 '비정규직'이기 때문에 이 문제를 편파적으로 다룬다면, 정년 교수는 '정규직'이기 때문에 이 문제를 편파적으로 다룰 것이라는 논리도 성립된다.

'그럼에도 비정규직 문제는 객관적이고 중립적인 관점에서 접근해야 한다'고 생각하는 이가 여전히 있다면, 비정년 교수의 지위야말로 정년 교수보다 상대적으로 더 객관성 있게 접근할 수 있지 않을까? 비정년 교수는 정년 교수보다는 정규성이 취약하지만, 대학에서 함께 일하는 수많은 동료 대학강사보다는 정규성이 상대적으로 보장되는 그야말로 '중립적 존재', 즉 일종의 '회색분자'이기 때문이다. 그러나 아무리 중립적 존재로서 성찰한다고 해도, 이 또한 완전한 지식의 객관성을 확보했다 주장하기는 힘들다. 인간이 세상을 이해하는 어떠한 자리든 해석자로서의 한계가 존재하며, 그 한계는 부지불식간에 세상의 권력으로부터 항상 영향받기 때문이다.

글을 시작하기 어려웠던 더 큰 이유는 윤리학 본연의 한계 때문이었다. 비정규직 문제를 윤리학 관점에서 다루는 것은, 고도로 복잡한 경제지표 사안이자 복잡한 입법 논쟁과 법정 다툼이 필요한 법률문제를 정의나 사랑 같은 추상적 거대 담론에 끌어들여, 당위적 말잔치로 훈수를 두는 것처럼 보일 수 있기 때문이다. 경제학과 법이 금세기 최고의 합작으로 탄생시킨 '비정규직 제도'에서 경제적 법률적 결점을 찾아내는 일은 윤리학 내에서 결코 쉬운 일이 아니다. 하지만 오늘날 우리 사회를 분열시키는 비정규직 논쟁에서 여전히 윤리학의 성찰이 제한적으로 유효한 것은 이 논쟁 중심에 '능력주의식 정의 담론'이 판치고 있기 때문이다.

능력주의식 정의 담론이 말하는 것

능력주의는 능력 있는 자들이 더 많은 보상을 받는 것을 당연시하기 때문에, 기본적으로 강자 논리 혹은 적자생존의 논리다. 그러나 오늘날 많은 이들이 지지하는 능력주의를 두고 능력 많은 자의 독식을 편드는 강자 이기주의라고 비난할 수만은 없다. 정확히 말해, 그것은 야생 상태에서 본능적 힘의 차이를 전제하는 '자연주의적 능력주의'가 아니라, 한 사회에서 공정한 기회와 경쟁을 전제로 발휘된 능력에 따라 차별적 보상을 인정하는 '자유주의적 능력주의'이기 때문이다.

자유주의 관점에서 볼 때 정규직 노동자와 비교하여 비정규직 노동자가 받는 대우(임금, 복지, 계약기간, 승진, 근무시간, 휴가, 업무강도, 안전 및 작업환경, 사회적 명예 등)의 차이는 당연하다 못해 정당하다. 이 둘 간에 실력과 성과 차이가 있다고 여겨지기 때문에, 대우에 차이를 두는 것이야말로 정의 실현이다. 반대로 비정규직의 대우를 개선하거나 정규직 전환을 추진하는 일은 오히려 자유주의의 핵심인 공정한 기회와 경쟁 원리를 파괴하는 것처럼 보인다. 주어진 규칙에 따라 성실하게 노력하는 정규직 노동자들과 취업준비생을 '역차별'하기 때문이다.

자유주의적 능력주의는 자유의 실행 단위인 '개인'에게 절대적으로 집중한다. 인간의 경제 행위 동기를 생존과 풍요를 향한 개인의 소유 욕망에서 찾는 것이다. 여기서 타인은 제한된 재화를 놓고 나와 다투는 경쟁자다. 개인 간 경쟁을 경제 행위의 기본으로 보는 자유주의적 능력주의는, '고용주와 고용인' 관계처럼 '정규직과 비정규직 노동자' 관계에도 당연히 위계가 있다고 본다. 이러한 관점은 한쪽이 다른 쪽의 생사여탈권을 쥐고 있다고 보는 시혜주의 입장을 취한다.

고용주가 고용을 베풀어야 고용인이 벌어먹고 살 수 있다고 보는 사람들은 정규직 자리에 결원이 생기거나 보조가 필요할 때만 비정규직 일자리가 허락된다고 생각한다. 늘 생존이 급한 처지의 사람들이 기존 계약 관계 밖에서 대기

174

하고 있기에, 비정규직 A는 비정규직 B나 C에 의해 대체 가능한 존재로 여겨진다. 계약서에 '을'로 지칭되는 한 사람의 자리가 여차하면 무수히 많은 다른 대기자 중 하나로 대체될 수 있다는 사실은 '사회적 공포'를 생산한다. 이러한 공포가 확산될수록, '을들' 간 경쟁에서 최종 승리한 '정규직 을'과 승리를 욕망하는 '미래 정규직 을'이 알아서 자유주의적 능력주의를 내면화하는 일도 증가한다. 오직 자기 능력이 무한 경쟁에서 자신을 '정규직'으로 선택받도록 했던(혹은 선택받게 하는) 이유라고 믿을 때에만 다른 누군가로 쉽게 대체될 수 없는 '슈퍼 을'로서의 자기 존재를 확신할 수 있기 때문이다.

능력주의를 부추기는 두 가지 관점

그러나 '기회의 평등'이라는 '소극적 정의' 위에 논리를 세운 능력주의는 현실에서 신화적 허구에 불과하다. 21세기 정의론을 주도하는 대표적 철학자 마이클 샌델(Michael J. Sandel)은 《공정하다는 착각: 능력주의는 모두에게 같은 기회를 제공하는가》(*The Tyranny of Merit: What's Become of the*

Common Good?)에서 능력주의가 이미 보수와 진보 진영의 대표 이론들, 즉 프리드리히 하이에크(Friedrich Hayek)의 자유시장 자유주의와 존 롤스의 복지국가 자유주의 모두에서 부정되고 있다고 주장했다.*

하이에크의 경우, 상품 가격이나 노동(용역) 임금은 이를 공급하는 개인의 능력에 따라 결정되지 않고 이를 얻기 위해 소비자가 얼마만큼 지갑을 열 수 있는지에 따라 결정된다고 보았다. 생산자이건 노동자이건 아무리 특정 분야에서 능력이 뛰어나더라도, 그 능력에 가치를 부여하고 대가를 지불하는 소비자가 없다면 경제적으로 무가치할 뿐이라는 말이다. 특정 능력이 시장에서 선택되는지 배제되는지는 변덕 많은 시장이 결정하기 때문에 결국 능력이 아니라 '행운'의 문제라고 보는 것이다.

롤스도 하이에크처럼 능력 좋은 사람이 그렇지 못한 사람보다 나은 대우를 받는 데에 반대는 하지 않지만, 능력을 내세워 모든 성과를 독점하는 것은 반대했다. 사회적으로 공인받는 능력들은 좋은 가정과 사회 환경이 뒷받침될 때

---

* 마이클 샌델, 《공정하다는 착각: 능력주의는 모두에게 같은 기회를 제공하는가》, 함규진 옮김, 와이즈베리, 2020, 205쪽.

실효를 내기 때문이다. 롤스는 능력의 결과로 얻어지는 성과를 그러한 능력을 갖추기 힘든 처지에 있는 사람들의 복지를 위해 일정 부분 공유하도록 보정하는 선에서만 '차등의 원칙'이 정의의 원칙이 될 수 있음을 주장했다.

하이에크가 보상에 대한 차별을 정치적으로 조정하는 것에 반대하기 위해 능력주의 실현의 허상을 지적했다면, 롤스는 차별을 정치적으로 보완하기 위해 능력주의 실현의 허상을 내세웠다. 둘의 목적이 정반대임에도 '능력주의'를 문제 삼았다는 면에서 교차한다. 그러나 샌델이 보기에, 둘 모두 대중에게 내재되어 있는 신념, 즉 '각자 능력에 맞게 보상하는 것이 정의'라는 능력주의식 신념을 뒤집는 데에는 성공하지 못했다. 오히려 대중에게 능력주의를 향한 갈망을 더욱 심화하는 데 이바지했다.

하이에크는 소득 차이가 능력이 아닌 행운의 결과이니 차이를 순순히 수용하는 것이 차라리 열등감에서 자유를 얻는 길이라는 논리를 펼쳤는데, 이는 역으로 대중의 분노를 자아내며 '능력'이 소득 차이의 결정적 기준이 되어야 한다는 능력주의식 정의감을 더욱 불타오르게 하였다. 롤스의 "최소 수혜자에게 최대 이득을!"이라는 주장 역시 최소 수혜자로 지목받은 자들을 '불쌍한 자'라는 시혜적 시선에 고정하여 약자에게 모멸감을 느끼게 만드는 부작용을 초래했을 뿐 아니라, 불쌍한 최소 수혜자에게 성과를 나눠주는 능력자들에게 오만할 수 있는 권리를 암묵적으로 용인하였다.

서로 상극인 두 학자가 공통으로 초래한 능력주의 대중화에 대한 샌델의 비판적 통찰은 미국 사회에만 해당되는 것은 아니다. 그의 지적은 신자유주의 원리와 복지국가 정책이 절묘하게 공존하는 한국 사회에서 비정규직 논쟁이 벌어질 때마다 보수와 진보를 막론하고 왜 능력주의식 정의 담론 밖으로 한 발자국도 벗어나지 못하는지 이해하게 한다.

능력주의의 그늘을 벗어나기 위한 유일한 방법

경제 행위의 동기를 일개 개인의 이기적 욕망에 맞추어, 경쟁에서 이긴 강자가 '독점적으로' 혹은 '우선적으로' 보상을 챙길 권리가 있다고 보는 관점에서는 결코 능력주의 사고를 벗어날 수 없다. 능력주의의 그늘에서 벗어나기 위해서는 오직 경제 행위의 동기와 방식을 완전히 새롭게 바라보는 데에서 시작해야 한다.

'경제'를 뜻하는 서양 언어의 공통 어원인 고대 그리스어

기독시민교양을 위한 나눔 윤리학

오이코노미아(oικονομία)는 '한 집안의 경영'을 의미한다. 그런데 어원의 원뜻을 알면, 이 단어는 현대인들에게 이상해 보인다. 현대인에게 '경제'는 집 밖의 거대 시장에서 일어나는 매매 행위를 떠올리게 하는데, 막상 어원은 '집안에서 이루어지는 생산 및 가사노동'을 뜻하기 때문이다.

왜 그들은 현대인들과 달리 경제를 '집안의 일'로 보았을까? 고대 그리스 도시국가들의 자유 시민은 기본적으로 한 가계가 소유한 농장에서 가계 남성들의 협동 노동과 여성과 노예들의 가사노동 분담을 통해 자급자족을 이루었다. 물론 당시에도 아고라 광장에서는 정기적으로 시장이 열리고 국제무역도 행해졌다. 그러나 고대 그리스인들은 기본적으로 '먹고살기 위해 하는 일' 상당수를 사회 영역(공공 영역)이 아닌 집안, 즉 사적 영역의 일로 여기며 외부 의존도가 낮은 자급자족 경제를 유지했다. 그러니 이 말의 어원은 경제가 추구하는 자급자족이 그 시초부터 '단독자' 개인 단위의 생존과 풍요가 아니라 인간 사회의 가장 작은 공동체 '가족'의 생존과 풍요가 목적임을 역설적으로 보여준다. 한마디로 경제가 개인이 아닌 최소 공동체인 가족의 자급자족에서 시작되었다는 말이다.

생산 수단의 소유가 역사적으로 변화하면서 가족 단위의

경제도 마을이나 부락 공동체 중심으로 탈바꿈하였다. 이후 산업혁명과 함께 경제 공동체 단위가 기업과 국가, 식민지로 확대되었다. 오늘날 경제 공동체 단위는 자본주의의 세계화 흐름에 따라 세계를 통합하는 거대한 하나의 구역이 되었다. 물론 여전히 강자가 존재하고, 강자에 의한 독점과 착취도 흔하다. 그러나 이제 세계 어느 곳에서도 가족은 커녕, 국가 단위의 자급자족 경제는 가능하지 않다. 능력 있는 강자도 이제 자기 집에서, 자기 국가에서 필요한 것을 모두 얻을 수 없다. 그가 돈을 벌어들이는 영역이 세계로 확대될수록, 그의 일상은 세계 곳곳에 흩어져있는 노동자들에게 철저하게 의존한다.

경제활동의 동기와 방식을 개인이 아닌 공동체에 맞추어 바라봐야 하는 이유가 여기 있다. 가족 중심의 고대 그리스 경제에서 현대사회의 초국가 시장경제에 이르기까지, 경제 활동 단위는 개인이 아니라 언제나 공동체였다. 또한 그 동기는 공동체의 생존과 풍요였으며, 그 방식 역시 공동체의 분업과 협업이었다. 이러한 사실을 인지할 때에만, 우리는 타인을 한정된 재화나 일자리를 놓고 싸우는 경쟁자이기 전에 공동체의 생존과 번영을 위해 함께 일하고, 서로 거래하며, 더불어 발전하는 협력자임을 발견할 수 있다. 상호 존재

180

에 대한 인식 전환 없이는 차별을 차이라고 둔갑하는 능력
주의 정의관에서 결코 쉽게 벗어날 수 없다.

비정규직 노동 역사

능력주의 경쟁의 낙오자로 취급받던 비정규직 노동자는 공
동체적 경제관에서 어떤 존재로 드러날 수 있을까? 이에 답
하려면 먼저 비정규직이라는 일자리가 어떻게 시작되었는
지를 살펴봐야 한다. 오늘날 자유주의적 능력주의에 공감하
는 사람들은 마치 기업이 정규직 노동을 감당하기에는 능력
이 부족한 노동자에게 비정규직 일자리를 시혜적으로 베푼
것처럼 여기는 듯하다. 이는 현대 노동사에 대한 무지에서
비롯된다.

　　1953년 우리 사회에 '근로기준법'이라는 현대식 노동법
이 처음 제정되었을 때 법이 보호하는 노동자는 '무기한의
전일 근로자', 즉 정규직 노동자였다. 그러나 법이 정규직
노동자를 보호한다고 해서 비정규직 노동자를 보호 대상에
서 제외했다고 판단해서는 안 된다. 1990년대 전후 고용의
유연화라는 현상이 산업계에 등장하기 전까지, 기업과 노

동자 모두에게 오늘날과 같은 비정규직 노동자 개념 자체가 존재하지 않았다. 특히 1970-1980년대 경제의 폭발적 성장과 함께 일할 사람이 부족할 수는 있어도 일자리가 부족하지는 않았다. 기업 입장에서 노동자를 고용한다는 것은 당연히 정년까지 고용한다는 사실을 암묵적으로 의미했다.

그러나 1990년대 자유주의 시장경제가 세계화하면서 기업 구조조정이 몰아쳤고 고용 상황도 완전히 달라졌다. 우리나라는 1997년 IMF 관리 체제에 들어가게 되었는데, 구조조정은 단순히 기업의 소유가 외국 자본으로 넘어간다는 것만 의미하지 않았다. 기업을 매각하거나 합병하려면 경쟁력 제고가 중요했는데, 이를 위해 노동자 대량 해고가 선행되었다. 대량 해고라는 무지막지한 일은 한 번이 어려웠지, 익숙해지니 기업 입장에서 이것만큼 유용한 것이 없었다. 해고 대상이 되지 않으려고 노동자들은 친기업적 태도로 몸을 낮추었다. 경쟁력 제고에 도움이 된다며 국가가 허용하기 시작한 '고용 유연화 정책' 덕분에 쉬운 해고가 가능한 비정규직도 양산되기 시작했다.

당연히 정규직 고용에 드는 사회보험이나 사원복지 비용뿐 아니라 임금과 퇴직금 같은 필수 지출까지 상당히 줄일 수 있었다. 비정규직 노동자들이 정규직에 비해 평균 30퍼센트 이상 적은 임금을 받는데, 이로 인해 절약된 비용은 고스란히 기업의 영업이익에 포함되었고 이로써 나머지 정규직이 지켜질 수 있었다. 또한 영업이익은 기업의 소유주와 투자자들에게 갈 배당금과 정규직 직원 보너스, 나아가 사업 자금과 기술 투자비로 쓰여 기업 가치를 상승시키는 사내유보금이 될 당기순이익의 재원이 되었다.

기업을 경제 공동체의 한 단위로 볼 때, 비정규직 노동자들의 낮은 처우는 기업 이윤을 극대화하여 경쟁력을 높이는 데 이바지해왔을 뿐 아니라 공동체의 다른 구성원인 투자자, 사업주, 정규직 노동자의 이익을 더 많이 지켜내는 묘안이 되어왔다는 사실이 비로소 드러난다. 자유주의적 능력주의자들은 비정규직 노동자들의 실력이 부족해 그런 처우를 받을 수밖에 없다고 합리화하지만, 실제로 비정규직 노동자 대부분은 자신이 받는 대우보다 강도 높은 노동을 요구받아도 거절하기 힘들다. 요즘 말로 '열정페이'를 요구받기 쉬운 불안정한 고용관계에 놓이기 쉽다.

이렇다 보니 1년 이하의 초단기 고용을 통해 비정규직 노동제도를 악용하는 기업이 가시덤불처럼 번져나갔다. 이에 국가는 2006년 '기간제 및 단시간 근로자 보호 등에 관한 법률'(기간제법)을 제정하여, 비정규직 고용 가능 기간을 2년

183

으로 늘려 일의 안정성을 확보할 수 있도록 하였다. 그리고 2년을 초과하여 고용하게 될 시에는 무기계약 전환으로 간주하는 중요한 규정을 신설했다. 그러나 비정규직 노동자를 '보호'하겠다고 만들어진 이 법은 오히려 기업에게 고용 기간 2년 직전에 비정규직 노동자를 해고할 명분, 정확히 말해 해고할 수 있는 권리를 보장해주는 아이러니한 결과를 가져왔다.

기업이 한번 맛본 '경쟁력 제고'는 달콤했다. 비정규직이라는 불안한 노동조건은 노동계 내부의 분열을 조장하여 연대의 힘을 약화시켰고 노사 협상에서 사측이 유리한 입장을 이전보다 손쉽게 관철할 수 있게 했다. 특히 직접고용이 아니라 파견과 하도급 형태로 양산된 대부분의 비정규직 일자리는 정규직 노동자들이 노동강도나 안전 면에서 꺼려온 일을 도맡을 뿐 아니라 관리 책임 역시 오로지 하청업체가 지면서, 원청으로서의 사측은 고용비용 절약과 함께 사용자 의무에서 벗어날 수 있었다. 심지어 대기업 오너는 친인척 소유 용역업체에 파견노동을 맡겨 가족 간 재산증여가 '합법적 비즈니스'로 재탄생하는 '창조적 경제 모델'까지 보여주었다.

비정규직 노동 역사를 살펴보면서 분명히 알아야 할 것

은 이 고용형태가 능력이 부족한 사람들에게 일자리를 시혜적으로 만들어주기 위한 노동복지 차원의 발명이 아니라는 사실이다. 어느 학교도 기간제 교사를 뽑으면서 월급이 정규직 교사보다 30퍼센트가량 적다는 이유로 정규직 교사보다 실력이 낮은 기간제 교사를 뽑기 위해 노력하지 않는다. 어느 자동차 회사도 생산 라인의 비정규직 노동자를 충원하면서 정규직 노동자보다 기계 조작 능력이 떨어지는 사람을 뽑는 것을 당연하게 여기지 않는다. '동일노동 동일임금의 원칙'이 시민교육 차원에서 제대로 교육되지 않는 우리 사회에서는 '임금차이 노동차이의 상식'도 당연히 지켜지지 않고 있다. 임금이 적더라도 능력은 같은 수준으로, 노력은 더 열정적이어야 하는 것이 한국식 비정규직 노동이다.

비정규직 일자리는 노동자 개인의 능력 부족에서가 아니라, 노동 현장의 경제적 경영적 이유에서 발생하는 것임을 사회적으로 인정해야 한다. 기업은 정규직보다 적은 임금으로 일하는 비정규직 노동자를 통해 영업이익을 증대해왔다. 기업은 비정규직 노동자나 하도급, 파견 형태의 '소속 외 근로자'를 늘리는 노동 유연화를 통해, 노동자를 기업에서 쉽게 내보내는 방식으로, 변화무쌍한 시장의 요구에 빠르게 대처하며 혁신 경영 성장을 이룩해내기도 한다. 심지어 기

185

업은 비정규직 일자리 양산이 초래한 정규직 노동자들과의 갈등과 구별 짓기 문화로 노동운동의 중요한 동력이자 방법인 '노동자 연대'를 와해하기까지 하는 1석 3조의 유익을 얻었다.

비정규직 노동자의 권리 주장을 공격하는 자유주의적 능력주의의 가장 큰 문제는 바로 여기에 있다. 효율성과 경제성만 우선으로 추구하는 기업의 비윤리적 경영이 문제 핵심인데, 엉뚱하게도 정규직과 비정규직 노동자의 능력 격차만 부각된다. 사이비 공정 담론만 양산하는 것이다.

타인의 얼굴에서 나에게 오는 근심, '염치'를 묻다

다시 마이클 샌델에게로 돌아가보자. 샌델은 개인의 능력이 공정하게 발휘될 수 있도록 기회와 보상제도를 보완해야 한다는 능력주의식 통념에 반대했다. 더 강력한 능력주의에 희망을 걸수록 경쟁은 더 거세질 것이며, 경쟁에서 이기기 위해 사람들은 목숨 건 도약을 더 많이 실행할 것이다. 능력주의는 결국 사람들을 더 세세하게 순위를 매겨 줄을 세울 것이기 때문이다. 부모는 자녀의 능력을 키워주기 위해 노

186

후 자금을 희생하면서까지 더 좋은 대학에 보내려고 한다. 청년들 역시 감당하기 어려울 만큼 늘어나는 학자금 대출을 보면서도 더 큰 능력을 쌓기 위해 더 높은 단계로 진학하려는 경쟁을 멈출 수 없다.

그러나 결국 승자는 목숨 건 도약이 필요 없는, 이미 모든 것을 갖춘 '능력 상속자 계급'이 독점할 게 뻔하다. 능력주의는 오히려 수많은 '평범 이하'의 사람들을 열등감과 패배감에 몰아넣는다. 그런데도 수많은 이들이 다람쥐 쳇바퀴 돌듯 답이 될 수 없는 답에서 벗어나지 못한다.

능력주의는 능력 있는 사람에게 더 많이 보상하는 '공정' 시스템을 만들기 원하지만, 실제로는 능력 없다고 낙인찍힌 사람들의 일자리와 정당한 처우를 침범하는 '차별' 시스템을 만든다. 이러한 현실 앞에 샌델은 의외로 간단한 대안을 제시했다. 노동자들끼리 능력 경쟁을 시키는 것으로 기업 혁신을 이루는 시대는 끝났다. 능력 경쟁은 노동계급 전반에 분노와 좌절, 분열을 확산할 뿐이다. 이에 그는 능력 경쟁에서 상처 입은 노동자에게 단지 소득으로 보상하겠다는 방식에서 전환하여, 그들이 하는 '일'이 사회적으로 가치 있고 공공선에 기여한다고 '인정'하는 것이 중요하다고 지적하였다.*

비정규직 차별 논쟁: '염치의 윤리'로 보기

그러나 노동자의 일에 대한 인정은 단순히 사회적 가치와 기여를 인정한다고 해서 완성되는 것이 아니다. 타자에 대한 진정한 인정은 주체의 '염치' 없이는 제대로 일어날 수 없기 때문이다. 염치가 무엇인가? "체면[남을 대하기에 떳떳한 도리나 얼굴]을 차릴 줄 알며 부끄러움을 아는 마음"(표준국어대사전)이다. 현재 한국 사회에서 비정규직 노동자를 '떳떳한 도리'로 체면 있게 맞이하는 곳을 찾아보기 힘들다. 그러나 비정규직 노동자와 공동체를 이루고 있는 구성원들(투자자, 사업자, 정규직 노동자) 중 체면이 없는 것에 부끄러움을 아는 마음, 즉 염치를 느끼는 이가 거의 없다. 시민 간에 이익이 충돌하여 약자가 손해 볼 때 마땅히 나서야 할 정부도 제 역할을 심각하게 방기했는데, 무책임에 대한 염치를 아는 정치인이나 공무원도 만나기 힘들다.

물론 이 염치는 범법(犯法)에 대한 수치심이 아니다. 기업들은 최고 실력의 로펌을 동원하여 비정규직 노동자들을 법의 테두리 안에서 효과적으로 사용할 방법을 죄다 꿰고 있다. 이 염치는 철학자 에마뉘엘 레비나스가 말했던 "자리 탈취"의 자의식에 가장 가깝다.

---

* 마이클 샌델, 앞의 책, 326쪽.

기독시민교양을 위한 나눔 윤리학

나의 세계-내-존재. 혹은 나의 "해 아래 내 자리", 나의 집, 그것들은 나에 의해 이미 제3세계로 축출되고, 학대받으며, 굶주린 다른 사람에게 속했던 자리들을 탈취하였던 것이 아닌가. 떠밀려난 사람, 소외당한 사람, 박탈당한 사람, 살해당한 사람, 파스칼이 말했던 것처럼 "해 아래 내 자리"는 모든 땅에 대한 '탈취'의 시작이자 이미지다. 의지적으로도 양심적으로도 무결한 나의 결백에도 불구하고 내 존재가 폭력과 살인으로 이루어졌다는 것에 대한 근심. (중략) 타인의 얼굴에서 나에게 오는 근심.*

합법의 틀 안에서 이루어지는 탈취, 법의 눈을 속여가며 이루어지는 탈취로 비정규직 노동자의 빈곤만 커지는 것이 아니다. 인간을 대하는 마땅한 도리를 상실한 사회, 염치의 윤리가 고장 난 사회에서 비정규직 노동자는 인간으로서 자기 존엄을 지키기가 너무 어렵다. 해 아래 밝은 당신의 자리, 그곳에서 당신의 능력이 빛날 때, 합법적으로 자리를 탈취당한 자들이 묻는다. "그래서 당신은 정말 당당한가?"

---

* Emmauel Levinas, *Ethique comme philosophie première*, Paris: Edition P&R, 1992, 93-94.

10 —————— 돌봄의 책임,
성차별을 넘어설 수 있을까

돌봄의 책임에 숨겨진 성차별

어릴 적 우리 교회는 40-50대 여성 신도들이 제일 열심히
봉사했는데, 이들이 소속된 선교 모임은 '마르다 여전도회'
였다. 어린 마음에 나는 좀 이상하다고 생각했다. 분명 예수
는 손님맞이로 분주한 언니 마르다보다 말씀 듣기를 좋아하
는 동생 마리아를 더 칭찬한 것도 모자라 동생을 원망하는
마르다에게 핀잔을 주었다. 자고로 작명에는 기대와 희망이
담겨야 하는데 왜 예수께 핀잔받은 이의 이름을 군이 교회
를 대표하는 여전도회 이름으로 했을까? 그 이유는 의외로
추측하기 쉽다. 예수의 말씀을 따르는 제자 공동체라 자칭
하면서도 교회에는 예수의 말씀을 듣고 탐구하기를 즐기는

190

기독시민교양을 위한 나눔 윤리학

마리아형 여성 제자보다 공동체의 궂은일을 묵묵히 담당하는 마르다형 여성 제자가 훨씬 유익한 존재이기 때문이었을 것이다.

물론 오늘날 교회에서는 자신의 재능과 시간을 교회와 이웃을 위해 헌신하는 여신도들을 쉽게 찾아보기 어렵다. 여성 노동력이 국가와 가정 경제를 성장시키는 중요한 원동력이 되면서, 이전 세대 여성들처럼 평일에도 교회에 나와 교회와 이웃을 돌보는 다양한 봉사에 전담할 수 있는 여신도들이 현격히 줄었다. 이러한 상황에서 대부분의 대형교회는 교회 공동체를 유지하는 데 필수적인 재생산 노동, 즉 주방 일이나 청소 등을 해결하기 위해 더는 여신도들의 손을 빌리지 않는다. 교회가 직접 다른 여성 노동자들을 고용하는 형태로 그 빈자리를 메꿨다. 이러한 변화가 교회에서 성차별적 역할 분담이 사라진 것처럼 보이게 하는 착시 현상을 불러일으키기도 한다.

하지만 교회 공동체의 다양한 역할과 업무, 직책 등은 여전히 대부분 성별로 구분되어 신도들에게 할당된다. 이제 대다수 교회에서 여성도 설교할 수 있게 되었지만, 성인이나 청년, 청소년을 위한 설교보다는 아동이나 영유아를 위한 '쉬운' 설교(정확히는 '쉽다고 취급되는' 설교)를 도맡는다. 여성이 남성보다 찬양이나 음악에 더 많이 참여해도, 대예배 성가대 지휘나 예배 전체 음악은 여전히 남성이 관행적으로 담당한다. 여성도 장로로 선출될 수 있는 교회법을 갖춘 교단이 늘었지만, 장로로 선출된 여성이 선임 장로로서 리더 역할을 하는 경우는 거의 없다. 여성은 지적 능력을 발휘하여 공동체를 지도하고 중요한 결정을 내리는 주체적 리더보다는, 낮은 자리에서 궂은일을 책임지며 공동체가 잘 유지되도록 하는 봉사와 돌봄 역할에 더 잘 맞는다고 여겨진다.

문제는 많은 신도들, 특히 젊은 여신도들의 눈에는 이러한 상황이 부당하게 비춰진다는 사실이다. 교회가 이전 세대보다 확실히 변했고 앞으로도 변할 테지만, 그 느린 변화를 인내하고 기다리기에는 세상이 많이 달라졌다. 그러나 이러한 현실을 인정하고 성평등에 기초한 새로운 목회 모델을 모색하는 현명한 교회 지도자들이 아직은 잘 보이지 않는다. 오히려 적지 않은 이들이 사회의 성평등 변화로부터 교회라는 '성역'을 사수하려고 애쓰고 있다.

최근 사회적 갈등 중 하나로 부상하는 페미니즘 백래시(backlash, 반발성 공격)가 일부 교회를 중심으로 '페미니즘은 이단'이라는 얼토당토않은 주장으로 변질, 확장되는 상황이 매우 우려스럽다. 이렇게 되면 이전 여신도들이 전통적으로 감당해왔던 교회 직무를 수행하지 못하게 되거나, 일부러 안 하려고 피하는 젊은 여신도들을 비난하거나 질타하는 일들이 다시금 일어나지 않으리라는 법이 없다. '여성'이라는 성별 구분에 갇히지 않고 가정과 교회, 사회에서 주체적으로 제 역할을 찾으려 애쓰는 여성들에게 수십 년 전에나 통했던 '희생할 줄 모르는 이기적 여성'이라는 낡은 낙인이 다시 찍혀, 교회의 시대 역행을 만천하에 드러내는 퇴행을 보일까 두렵다.

"그래서 이웃을 돌보지 않겠다는 말인가?"

이러한 문제의식이 있어도 당장 불만을 표출하며 변혁을 만들어내기란 쉽지 않다. 실제로 교회에서 말하는 '신앙 좋은' 여신도일수록 이러한 일에 동참하기 어렵다. 왜 그럴까?

우선 '이웃 사랑'의 종교인 그리스도교의 관점에서 자기가 가진 것을 주변에게 나누며 돌봄으로 헌신하는 삶이 최고선이라 배워왔기 때문이다. 특히 예수가 보여준 사랑은 남는 것을 나누는 잉여적 사랑이 아니라 타인을 위해 죽기까지 자신을 내어놓은 희생적 사랑이었음을 기억하기에, 교회와 이웃을 돌보는 희생은 예수를 따르는 제자로서 당연한 의무가 된다. 이러한 믿음을 전제로 하면, 왜 헌신적 돌봄의 책임이 여성에게만 더 먼저, 더 강조되느냐고 묻는 것은 신앙 논리상 앞뒤가 안 맞는 것처럼 보인다. 헌신과 희생에 대한 상급이 하늘나라에서 더 크게 이루어질 터이니, '믿음 있는 성숙한 여인'이라면 당연히 여성에게 더 큰 헌신과 희생을 강요하는 교회 문화를 차별이 아니라 축복으로 받아들이는 '영적 혜안'을 지닐 수 있다고 보기 때문이다.

특히 창조주께서 여성의 본성(nature)을 '남성을 돕는 자' 혹은 '가족과 민족을 돌봐야 하는 존재'로 만드셨다는 교회의 가르침을 의심해본 적이 없다면, 여성이기에 맡게 되는 교회의 돌봄노동이 '부당하다'고 여겨지거나 중한 노동의 피곤을 감당하기 힘들 때 이를 단순히 '믿음 약한' 개인의 신앙 문제로 자책할 수밖에 없다. 그러나 이제는 나눔이나 돌봄 자체가 헌신의 관점에서 아무리 좋은 것이라 해도, 왜 성별에 따라 의무와 요구가 다른 것인지 제대로 따져봐야 할 때에 이르렀다.

그런데 경험상 이런 이야기를 꺼내면, 말을 다 하기도 전에 남성 청자 중 다수에게서 빈번하게 부정적 반응이 나온다. "그래서 결국 공동체나 이웃을 돌보지 않겠다는 말인

기독시민교양을 위한 나눔 윤리학

가?" 나눔이나 돌봄의 책임이 성차별적으로 부당하게 부여되는 현상에 대한 분석을 두고, "그래서 앞으로 나누지 않겠다"라는 의미로 결론 내린다면, 상호 이해하는 대화는 지속하기 어렵다. "왜 우리는 남성보다 더 희생적인 돌봄의 책임을 강요받아야 하는가?" 하고 질문하는 여성에게 "그런 질문 자체가 이기적이다!"라는 뉘앙스로 응답하는 방식은 상대방에 대해 부정적인 판단을 전달하는 일이기에 열린 방식으로 협의하기 어렵다.

오늘날 여성들이 던지는 "왜 우리만 돌봄의 책임을 강요받아야 하는가"라는 물음은 돌봄의 책임을 무조건 거부하겠다는 표현이 아니다. 그 질문을 하는 여성 대다수는 왜 그 책임이 '강요' 형태로 여성에게만 주로 지어졌는지 이해하고 싶은 것이다. 이러한 질문의 의도가 존중되고 받아들여질수록 여성들은 돌봄의 책임을 방기하기보다 오히려 돌봄의 책임이 왜 공동체 내에 필요한지 스스로 이해하는 기회가 늘어나리라 생각한다. 또한 여성 스스로 그 책임으로 자신을 잃지 않으면서도 남성 협력자들과 함께 돌봄의 책임을 균형 있게 분담하는 창의적인 방안을 마련하는 주체가 될 수 있으리라 믿는다.

돌봄의 책임, 성차별을 넘어설 수 있을까

미덕이자 생득적 능력으로 치부되는 '모성'과 희생

종교, 지역, 시대를 불문하고 가부장적 사회는 성숙한 여성의 미덕, 즉 여성이 마땅히 갖추어야 할 덕성으로서 가족과 이웃을 위한 돌봄과 희생을 공통되게 강조해왔다. 그러한 가치를 실현한 인물을 하나씩 뽑아 칭송하는 일도 멈추지 않았다. 성모 마리아도 그렇고 마더 테레사도 그렇고 신사임당도 그렇다. 또 우리의 어머니 역시 여성으로서의 자신보다는 자녀를 위해 최선을 다해 살아간 '위대한 어머니'로서 언제나 미안함과 감사함의 대상이 되어왔다. 이러한 배경에서 여성들은 여성으로서 최고의 보람은 자녀를 위해, 혹은 어머니처럼 이웃을 위해 자신을 최대한 희생하며 돌봄과 나눔의 삶을 사는 것이라 믿어왔다.

그러나 이제 대다수 여성에게 위대한 어머니로서의 삶은 더 이상 '워너비' 모델이 아니다. 심지어 어머니들도 딸들이 자신과 같은 인생을 살기를 원하지 않는다. 이제 이들은 위대한 어머니를 칭송하는 사회 속에 여성의 희생적 삶을 남성의 주체적 삶에 비해 열등하게 취급하는 이중적 잣대가 작동하고 있음을 눈치챘다. 정일근의 시 〈저 모성!〉을 살펴보면 성숙한 여성에게 강조된 미덕 아래 감춰진 사회의 이

중적 잣대를 찾을 수 있다.

　눈 내리는 성탄 아침 / 우리 집 개가 혼자서 제 새끼들을
낳고 있다 (중략) 제 피를 녹여 새끼를 만들고 / 제 살을 녹
여 젖을 물리는 모성 앞에 / 나는 한참이나 눈물겨워진다
/ 모성은 신성 이전에 만들어졌을 것이니 / 하찮은 것들
이라 할지라도, 저 모성 앞에 / 오늘은 성탄절, 동방박사가
찾아와 축복해주실 것이다 / 몸 구석구석 핥아주고 / 배내
똥도 핥아주고 / 핥고 핥아서 제 생명의 등불 밝히는 / 저
모성 앞에서*

　분명 시인은 추운 겨울 혼자 새끼를 낳아 젖을 물리는 어
미 개의 모습에 엄청난 감동을 받았을 것이다. 그 감동을 예
수의 어머니 마리아에 빗대어 모성을 신성보다 더 크게 평
가하고 싶었을 테고, 궁극적으로 그 둘을 통해 자신을 키워
준 어머니에 대한 감사를 아름다운 시구에 담아내길 원했을
것이다. 이 시는 가부장제 사회가 여성에게 가르치는 '희생
적 돌봄 미덕'에 익숙한 사람들에게 시인이 받은 감동을 충

---

* 정일근, 《마당으로 출근하는 시인》, 문학사상사, 2003.

돌봄의 책임, 성차별을 넘어설 수 있을까

분히 전달할 수 있을 것이다.

그러나 여성의 모성을 신성까지 넘어서는 최고 미덕으로 칭송하는 시는 결국 너무나 오래되어 낡아버린 가부장제 이데올로기로서 모성 담론을 고스란히 반복하고 있다. 그것은 바로 여성은 '동물적 본능', 즉 출산과 양육이라는 생물학적 기능을 수행할 때에야 비로소 여성으로서의 미덕을 온전히 수행할 수 있다는 암묵적 지시다.

그런데 이러한 담론이 겉으로는 여성의 덕성을 논하는 탓에 윤리학적 지평에 속해있는 듯 보이지만, 실제로는 윤리학적으로 결정적인 모순을 드러낸다. 서양 전통 철학에서 윤리 행위란 한 인간의 자유에 기반한 의지이자 실천의 결과다. 그런데 가부장제 사회에서 여성의 미덕인 모성은 여성 스스로가 선택하고 수행하는 자율 능력이 아닌, 자궁과 유방을 지닌 여성이라면 누구나 본능적으로 자연스럽게 수행할 수 있는 것으로 취급되어왔다.

이러한 전통에서는 자녀를 위한 어머니의 희생뿐 아니라 그에 맞먹는 여성의 헌신적인 이웃 사랑 실천을 과장되게 칭송하는 경우도 물론 존재한다. 그러나 실제로 대부분은 여성이라면 응당 수행해야 하는 성 역할, 정확히 말해 거부할 수 없는 본능을 수행한 것쯤으로 폄하하는 이중적 태도

기독시민교양을 위한 나눔 윤리학

가 존재해왔다. 여성이 출산과 수유의 신체 기관을 가졌다는 사실이 곧 모든 여성에게 '모성적 돌봄'이라는 도덕적 능력을 가져다주는 것이 아닌데도, 모성적 돌봄은 모든 여성에게 이미 기본값으로 전제되어 '여성다운 덕성'을 평가하는 획일적인 기준이 되어왔다.

안타깝게도 이러한 사회에서는 여성의 덕성인 모성적 돌봄을 제대로 수행하지 않는 여성들을 '문제 여성' 혹은 '패륜적 여성'으로 낙인찍는 관습이 팽배해진다. 자녀를 버린 부모 중 아버지보다 어머니를 훨씬 심하게 지탄하는 사회 관행이나, 겨우 한 달에 한 번 남신도들이 주방 봉사를 맡는다고 하여 당장 성평등이 이루어진 교회인 양 자랑하는 문화 등은 돌봄의 미덕이 얼마나 여성에게만 강조되어왔는지 역설적으로 잘 보여준다.

그런데 문제는 돌봄이라는 도덕적 의무가 여성에게만 차별적으로 강조됐다는 부당한 사실에 있지 않다. 본질은 '모성적 돌봄'을 여성의 미덕으로 강조하면서도 실제로 그 능력을 도덕 능력이 아니라 생물학적 능력으로 폄하하는 위선적 잣대가 적용되는 사회에서 상당수 여성이 자기혐오에 빠지기 쉽다는 점에 있다. 성숙한 인간은 자신의 도덕 행위에 상응하는 대가를 상대방이나 사회에 바라지는 않지만, 적어

199

도 도덕 행위를 하게 된 선한 동기와 자기 존재의 가치는 인정받고 싶어 한다. 그러한 인정이야말로 자기희생 속에서도 타자를 돌보는 행위를 기쁘게 이어가는 중요한 동기가 되기 때문이다. 그러나 가부장제 사회에 팽배한, 모성적 돌봄에 대한 이중적 태도는 곤경에 처한 타자를 위해 책임을 나눠지고자 하는 여성 행위자의 동기를 무시할 뿐 아니라, 결과적으로 여성의 돌봄 행위를 끊임없이 착취하게 된다.

인습적 도덕이 만든 성 역할 넘어서기

그런데 이러한 무시와 착취의 부당함을 인지한 일부 여성들이 여성에게만 부여된 전통적 돌봄 미덕을 거부하는 '반동적 태도'를 취하기 시작했다. 타자를 향한 돌봄 책임을 더는 지지 않고 자기 자신을 돌보는 일에 집중하겠다며 저항하기 시작한 것이다. 이들은 이기적 여성이나 패륜적 여성이라는 사회적 낙인을 겁내지 않고, 낡은 사회 편견에 맞서 자신의 욕망을 실현하기 위해 최선을 다한다. 나아가 남성들과의 경쟁을 피하지 않을뿐더러, 그 결과 자신의 욕망을 성취해 나가며 단단한 자기 세계를 구축하는 데 성공한다. 그런데

나는 오늘날 여성들 사이에서 일어난 '반동적 태도'의 방향을 이렇게 지지하면서도, 이러한 태도가 더불어 살아야 하는 인류 공동체 운명에서 지속가능한 것인지 확신할 수 없다.

이러한 의심에 답할 수 있는 대안으로는, 페미니스트 심리학자이자 윤리학자로 유명한 캐럴 길리건(Carol Gilligan)의 연구를 살펴볼 만하다. 그는 남성과 여성이 자아를 성숙시키는 과정에서 서로 다른 도덕 가치를 지향하는 성차를 보이는데도, 남성의 도덕적 소양을 기준으로 여성의 도덕적 소양을 일방적으로 열등한 것으로 취급해온 기존의 도덕심리학을 비판하며 큰 명성을 얻었다. 그에 의하면, 프로이트부터 에릭슨, 콜버그, 피아제 등 인간의 도덕발달단계를 탐구한 유명 남성 연구자들은 모두 연구 대상을 남성에 한정하거나 남성의 보편성을 기준으로 여성의 특수성을 비교하는 방식을 택했다.

이들은 일반적으로 남성은 자아를 성숙시키는 과정에서 독립적 자율성이나 권리의식을 중요하게 여기는 도덕을 발전시키는 데 반해, 여성은 타자와의 관계에서 의존적이거나 자기 권리를 쉽게 포기하는 성향을 나타내기 때문에 남성에 비해 도덕성이나 자아가 열등하게 성장한다고 결론 내렸다. 그러나 길리건은 여성의 의존성이나 권리 포기 성향을 오히

돌봄의 책임, 성차별을 넘어설 수 있을까

려 타자와의 관계 맺음에 세심한 관심을 두는 성향이나, 자기 이익보다 타자에 대한 자기 책임을 소중하게 여기는 돌봄 태도와 관련 있다고 지적한다. 남성적 도덕을 유일한 기준으로 삼고 여성을 도덕적으로 열등하다고 폄하한 기존 관점을 비판하며, "권리의 도덕"에 경도된 남성 일반과 달리 여성 일반은 "책임의 도덕"을 공유하고 있다는 사실을 밝혀낸 것이다.

길리건의 작업이 갖는 일차적 의의는 여성에게 일반적으로 발달한 책임의 도덕을 규명하여 가부장제 사회에서 여성에게 일방적으로 강요되던 돌봄의 미덕을 자기혐오가 아니라 자기긍정으로 새로이 해석할 수 있게 하는 계기를 만들었다는 점이다. 그러나 더 큰 의의는 그가 단순히 여성과 남성의 도덕 차이를 설명하는 데 만족하는 나태함에 빠지지 않았다는 점이다. 그는 여성이든 남성이든 성별에 따라 나타나는 도덕 특성에만 매몰될 경우, 그것은 결과적으로 '인습적 도덕'에 불과할 수밖에 없다고 지적했다.

여성이 돌봄과 책임의 도덕만 지키는 데 열중하면, 결국 자기희생의 위험에서 벗어나지 못하고 자신을 오히려 부당하게 대우하게 될 것이 당연하다. 길리건은 이러한 여성에게, 도덕적 성숙을 위해서라도 남성적 도덕으로 여겨졌던 자율성과 권리의 도덕을 성취하는 데 노력을 기울일 것을 강조했다. 돌봄과 책임의 대상에 여성 자신도 함께 고려되어야 하기 때문이다. 남성의 경우에도 마찬가지로 인습적인 남성적 도덕에서 벗어나 더 나은 성숙에 이르기 위해서는, 여성적 도덕으로 여겨졌던 돌봄과 책임의 의무를 스스로에게 더 많이 부여해야 한다고 보았다. 독립과 권리의식이 잠재적으로 초래하는 타인에 대한 무관심에서 벗어나야 한다는 것이다. 즉 여성과 남성 모두 서로 보완할 부분을 발견해야 권리와 책임을 균형 있게 통합하는 도덕적 성숙으로 나아갈 수 있다.*

여성과 남성이 함께 만드는 변화

앞서 말했듯이 이제 더 이상 교회와 이웃을 위해 자기를 희생하면서까지 헌신하는 '마르다'를 찾기는 어려운 시대가 되었다. 그러나 지금까지 논한 것을 돌이켜 보니 그 많던 마

---

* 캐럴 길리건, 《침묵에서 말하기로 – 심리학이 놓친 여성의 삶과 목소리》, 이경미 옮김, 심심, 2020, 251쪽.

돌봄의 책임, 성차별을 넘어설 수 있을까

르다가 갑자기 사라진 이유를 단순히 여성의 사회 진출 증가와 봉사할 시간적 심리적 여유를 가진 여성 신도가 많이 남지 않았기 때문이라고만 볼 수 없을 것 같다.

부인할 수 없는 분명한 사실은 이제 교회 안이건 밖이건 가족이나 타인에 대한 돌봄 책임을 여성에게 일방적으로 지우는 것은 인습적 도덕에 불과하다는 인식이 공감을 얻고 있다는 점이다. 이러한 공감은 때때로 '더 이상 공동체와 이웃에 대한 어떠한 책임도 지지 않겠다'는 반동적 반응을 불러일으키며 '이기적 여성 시대'가 열리는 것은 아닌지 하는 불안을 준다. 그러나 길리건이 제안한 도덕적 성숙 관점에서 볼 때, 이러한 시대 변화는 오히려 전통적으로 여성에게 부여한 돌봄 책임을 수동적으로 수행하던 여성들이 자신의 권리와 독립성을 되찾게 한다. 그래서 이러한 과정은 어떠한 돌봄 수행도 거부하는 저항이 아니라, 돌봄의 책임마저 자율적으로 스스로에게 의무 지을 수 있는 주체적 여성으로 성장하는 중간 과정이라 이해할 수 있다.

누가복음 10장에 나오는 마르다와 마리아 이야기는 그리스도인에게 교회 공동체를 위한 헌신과 노동이 무가치한 것은 아니지만, 예수의 말씀을 사모하며 공부하는 일보다는 중요할 수 없음을 가르쳐주는 본문으로 읽혀왔다. 그러나 성차별적 역할 분담에 대한 비판 의식으로 새롭게 읽을 때 이전과는 다른 의미를 찾아낼 수 있다. 만약 예수가 마르다의 투정을 받아들여서 마리아로 하여금 손님 대접을 돕게 하였다면 마르다는 결과적으로 만족했을까? 아마도 처음에는 억울함이 누그러들었겠지만 금세 다시 화가 났을 것이다. 마르다가 화를 낸 본질적 이유는 손님을 돌보는 봉사를 혼자 도맡아 한다는 억울함 때문이 아니었다. 마르다가 화 난 진짜 이유는 자기도 예수의 말씀을 듣고 싶은데 남을 돌보느라 막상 자신에게는 그 기회가 허락되지 않아서였다.

예수는 그런 상황을 마르다 자신보다 더 분명히 꿰뚫고 있었을 것이다. "마르다야 마르다야, 네가 많은 일로 염려하고 근심하나 몇 가지만 하든지 혹 한 가지만이라도 족하니라. 마리아는 이 좋은 편을 택하였으니 빼앗기지 아니하리라"(눅 10:41-42). 사실 마르다뿐 아니라 마리아조차도 여성이라는 이유로 주변인과 이웃을 돌봐야 하는 책임의 도덕에서 자유롭지 못했다. 바로 그러한 상황에서 마르다를 향한 예수의 이 말씀은 '타인을 돌봐야 하는' 인습적 도덕에 갇힌 두 자매에게 자기 자신을 위해 말씀을 들을 '권리의 도덕'이 허락되었음을 선포한다. 마치 20세기 길리건의 이론을 미리 꿰뚫고 있는 것처럼, 예수는 1세기 가부장제 시대의 한계를 넘어 마르다와 마리아 두 여성을 돌봄의 책임뿐 아니라 '독립의 권리'가 균형 있게 통합된 도덕적 성숙 단계로 초대하고 있다.

이제 나는 교회에서 마르다가 사라졌다는 말에 더 이상 동의하지 않는다. 무수히 많은 마르다들이 사라지지 않고 여전히 교회에 남아있다. 다만 그들은 지금 성숙한 그리스도인으로 성장하기 위해 관습적으로 지켜온 돌봄과 헌신의 의무에서 잠시 벗어나, 자기 권리가 무엇인지 탐색하고 가늠하는 시간을 보내고 있다. 그들 중 일부는 새롭게 얻은 권리를 만끽하는 데 머물겠지만, 많은 마르다들은 타인뿐 아니라 자기 자신까지 소중히 돌보는 성숙한 돌봄과 책임의 도덕을 기꺼이 다시 맡게 될 것이다.

그러나 여성들만 변화하는 데 만족해서는 안 된다. 오늘날 여신도들이 이웃과 공동체를 돌보는 일뿐 아니라 자신의 독립성까지 책임지기 위해 고군분투하는 것처럼, 남성 목회자들과 평신도 지도자들도 함께 변화해야 한다. 남성들도 남성이란 이유로 강요된 인습적 성 역할에서 벗어나 여성에게만 미루었던 돌봄의 책임을 함께 나눠 질 때 성숙한 신앙인으로 거듭날 수 있다. 돌봄의 책임이 성차별적으로 부여되는 곳에서는 정의 없는 사랑의 도덕만 강요될 뿐이다. 그러한 곳에는 아무리 돌봄이 넘쳐난다 해도 사람들의 본질적 고통의 원인은 제거되지 않는다. 밑 빠진 독에 나눔 붓기가 될 뿐이다. 교회의 변화는 여성도, 남성도 홀로 만들 수 없다. 함께할 수 있을 뿐이다.

팬데믹 시대의 윤리 1:
환자는 잘못이 없다

이방인을 향한 적대감

지난 2021년 여름, 코로나 확진으로 생활치료센터에 입소한 한 외국인이 무단 탈출했다가 3시간 만에 붙잡혔다는 기사가 여러 매체에 보도된 적이 있다. 기사에 따르면, 그가 무슬림인데도 센터 측이 돼지고기 반찬을 제공했기 때문에 탈출했다고 한다. 기사에 달린 댓글은 대부분 거친 욕설과 적대감과 함께 "추방하라"는 주장이 가득했다. 환자 정보라고는 우즈베키스탄 국적, 무슬림, 20대라는 사실뿐이었지만, 댓글을 단 사람들은 그를 '돈 벌러 온 외국인노동자' '법과 질서를 무시하는 광신도 테러리스트' '공짜로 대한민국 치료 서비스를 누리면서도 고마워하지 않는 사람' '반찬 투정하는 이기주의자'로 단정했다.

안타깝게도 다른 정보는 찾을 수 없었다. 외국인인 그가 확진과 격리의 공포를 이겨낼 수 있도록 충분한 정보가 이해 가능한 언어로 제대로 전달되었는지, 단순히 돼지고기뿐 아니라 모든 음식에 할랄이 보증되지 않으면 어떠한 식사도 하기 힘든 신앙심 깊은 무슬림은 아니었는지……. 기자는 자신의 보도가 우리 사회에 만연한 무슬림 혐오 시각에서 읽힐 위험이 있다는 사실을 조금도 염두에 두지 않았다. 다만 대중의 혐오를 자극하는 키워드 몇 개로 '한 범법 무슬림의 탈출극'이라는 자극적 소재로 소비했다.

무수히 많은 '위기들'에 필요한 윤리

고대 도시국가 아테네와 공동체의 역병 위기를 연구한 안재원은 팬데믹이 전쟁보다도 심각한 재난이라 했다. 전쟁은 공동체를 단결시켜 어떻게든 극복하게 해주지만, 팬데믹은 개인의 생존을 직접적으로 위협하여 국가를 지탱해주던 문명 기제들이 아무런 효력을 발휘하지 못하게 만들기 때문이다.* 한마디로 팬데믹은 각자도생의 원칙을 작동시켜 국가에 공동체 붕괴의 위기를 안겨줄 수 있다는 지적이다.

그러나 21세기 팬데믹은 고대 아테네의 역병이 초래한 국가 위기보다 더 복잡한 양상으로 펼쳐지고 있다. 오늘날 세계에서 자본시장의 손을 타지 않은 국가는 찾아보기 힘들다. 자본 이동은 청년과 노동자, 난민 등이 국경과 바다를 건너 일자리와 안전한 삶의 터전을 찾아 대거 유랑하는 이주 시대를 초래했다. 지난 수십 년간 서구 학계와 시장은 이러한 세계화를 인류 진보의 산물이라고 자부해왔다. 그러나 세계화가 만든 21세기 실크로드를 따라 코로나 바이러스가 순식간에 퍼지자, 자본과 의료 기반을 통제할 수 있는 산업 국가들은 재빨리 '쇄국' 조치를 내리며 자국의 이익을 지키기 시작했다. 21세기 팬데믹은 국력에 따라 극명하게 위기 수준을 나누었다.

문제는 이러한 상황에서 이방인에 대한 관용이 쉽사리 적대감으로 뒤바뀐다는 사실이다. '내부에 있는 이방인'이라는 불안한 위치를 얕잡아보면서 '우리 것을 부당하게 탐하는 자'라는 차별적 낙인을 찍어도, 대다수 '내부인'은 그것이 왜 차별인지 가늠하려 들지 않는다. 국력이 개인의 생

---

* 안재원, 《아테네 팬데믹》, 이른비, 2020, 29쪽.

기독시민교양을 위한 나눔 윤리학

존과 직결되는 시기에 자국민을 보호할 수 있는 의료와 예방 시스템을 상대적으로 더 갖춘 국가에서는, 국가주의와 함께 민족이나 인종 중심의 이기주의가 고개를 든다. 당연히 같은 국가 안에서도 오랫동안 무마되거나 봉합되어온 갈등들이 첨예하게 되살아난다. 국가로부터 보호받을 법적 권리를 지녔다는 의미로서의 '우리/국민' 정체성 역시 끊임없이 분열하며 차별과 배제를 통한 동족 간 서열화를 만들어낸다. 이 과정에서 단순히 백신이나 의료, 복지 서비스 지원의 불평등뿐 아니라 부와 일자리 분배에도 극단의 격차가 발생한다.

안타깝게도 전문가들은 인류를 위험에 빠뜨릴 다른 전염병들이 앞으로도 충분히 발생할 수 있다고 예언한다. 그렇다면 코로나 팬데믹은 인류가 당장 극복하면 되는 특정 위기가 아니라, 앞으로 펼쳐질 많은 위기들에 대처할 대안을 국내적 세계적으로 모색해가는 사전 연습 과정이 되어야 한다. 물론 대안은 특정 국가나 집단뿐 아니라 전 인류에 실효성이 있어야 할 것이다. 그렇게 되려면 대안을 찾는 전문인들을 비롯해, 적합한 대안을 판단하여 선택하는 정치 지도자들의 역할도 중요하다.

그러나 더 중요한 것은 시민들의 정신이다. 전문인들과

정치 지도자들이 자기 임무를 제대로 감당할 수 있도록, 시민들은 팬데믹의 공포와 절망을 딛고 합리적이고 공동체적인 여론 형성을 주도해야 한다. 시민 정신의 핵심에 바로 윤리가 있다. 팬데믹 위기를 함께 견뎌내기 위해서 우리에게 어떤 기초 윤리가 필요할까?

팬데믹은 '누군가'의 잘못에서 시작된 것?

2019년 12월 코로나 첫 확진자가 중국 우한시에서 발생한 뒤로, 세계 곳곳에서 중국인을 포함하여 아시아인을 대상으로 한 차별과 길거리 테러가 지속적으로 발생했다. 'Make America Great Again' 구호를 내세우며 국제사회의 패권 경쟁에서 중국을 따돌리려 했던 트럼프 전 미국 대통령과 세계 극우 정치인들은 전염병에 지역 이름을 쓸 수 없다는 세계보건기구(WHO)의 결정에도 아랑곳하지 않고 '우한 바이러스'라는 이름을 고집했다. 그들과 뜻을 같이하는 세계의 많은 이들도 소셜 미디어와 기사 댓글로 '바이러스를 퍼뜨린' 중국인들을 향해 욕설과 분노를 표현하는 일에 주저하지 않았다. 아시아인 가운데 "I'm not Chinese"라는 문구가 삽입된 티셔츠를 입는 이들도 있었다. 물론 이러한 행동이 아시아인 스스로 인종차별에 동참하는 일일 뿐이라는 반성적 비판이 일기도 했다. 그러나 반성은 소수의 지지를 받았을 뿐, 다수 아시아인에게서도 중국인을 향한 증오가 쉽게 사라지지 않았다. 이러한 미움의 감정은 윤리적으로 정당할까?

잘못의 원인을 밝혀 마땅한 책임을 지우는 일은 윤리에서 중요한 가치 중 하나인 '정의'를 따른다. 정의는 단순히 냉철한 이성적 판단으로만 작동하지 않는다. '정의적 판단'은 잘못을 발생시킨 불의에 대한 분노 감정, 즉 '정의감'과 함께 연동된다. 이러한 이유에서 코로나 발병과 세계적 확산 원인이 중국인들에게 있다고 믿는 사람들은 중국인들을 향한 분노를 정의감의 표현으로, 나아가 사회적 배제를 정의적 판단에 의한 응당한 대가로 생각한다.

그러나 바이러스 발생과 대규모 전염을 '누군가'의 잘못에서 기인한 것이라 판단하고, 그 이유를 들어 사회적으로 배제하는 일이 정말 옳은가? 《총, 균, 쇠》(*Guns, Germs, and Steel*)의 저자 재레드 다이아몬드(Jared Mason Diamond)는 인류 역사를 바꿔온 결정적 요인 중 하나로 전염병을 꼽았다. 그는 거의 모든 전염병이 농경문화 발전으로 인한 야생동물

213

의 가축화 과정에서 동물을 숙주 삼아 살던 세균이나 바이러스가 인간에게 옮겨와 변이하는 과정에서 발생한 인수공통 감염병임을 강조하였다. 아직은 연구가 더 진행되어야겠지만, 전문가들은 코로나 역시 박쥐나 천산갑과 같은 야생동물을 접촉한 데서 발생했으리라 추측한다.

그런데 이러한 추측이 보도되면서 '더럽고 혐오스러운' 야생동물을 재료로 취급하는 중국 식문화가 코로나 전염병의 직접적 원인이라고 단정하는 현상이 세계적으로 확산되었다. 보리스 존슨(Alexander Boris de Pfeffel Johnson) 영국 총리는 한 연설에서 천산갑 비늘을 약으로 먹는 중국인들의 미신에서 코로나가 시작되었다고 발언하였다. 당연히 중국 정부는 이러한 의심과 비난을 근거 없고 과장된 주장이라며, 이 같은 발언은 당장 시급한 국제 협력을 방해할 뿐이라고 반박했다. 하지만 중국인들이 야생동물을 먹는 문화를 이어오지 않았더라면 그것을 숙주로 삼은 바이러스가 변이하여 인간에게 옮겨오지도 않았을 것이며, 전 세계가 이렇게 위험해지지 않았을 것이라는 분노 섞인 심증을 걷어내기에는 역부족이었다.

이 심증에는 논리상 비약이 숨어 있다. 바이러스는 인간의 의도에 따라 변이하는 존재가 아니다. 우리 집 반려견은 여름마다 곰팡이균 때문에 발과 귓속 피부가 붉어지는데, 수의사는 반려견의 곰팡이균은 인간에게 옮지 않는다고 말했다. 바이러스나 세균이 한 동물에서 다른 동물로 숙주를 옮겨 진화하는 일이 아예 없지는 않지만, 모든 바이러스나 세균이 동물 간 경계를 넘어 무차별적으로 번지는 것은 아니라는 말이다. 소수의 미생물만 숙주 동물을 우연히 바꿔 진화함으로써 자기 종의 번식을 확장한다. 그러니 야생동물을 먹는 행위를 곧장 바이러스를 옮기는 행위로 단정하는 것은 논리의 과장이다. 우리도 무수히 많은 야생 동식물을 '자연산'이라는 이름으로 식용하고 있다. 다만 거기에 있었던 바이러스나 세균은 인간에게로 서식지를 옮기지 않았거나, 옮기더라도 치명률 또는 전염률에서 코로나에 훨씬 못 미치는 '다른 우연'이 발현되었을 뿐이다.

물론 코로나 같은 위험한 변이가 일어나려면 어쨌든 접촉이 있어야 한다. 사람들은 바로 그 접촉이 중국인들의 식용 문화를 통해 일어났기 때문에, 중국인들을 코로나 발생 및 확산자로 간주하여 미워해도 된다고 생각한다. 그러나 야생동물과 인간의 접촉 원인을 단순히 한 국가나 부족의 식용 문화로 지목하는 것은 정당하지 않다. 환경주의자들의 고발처럼, 중국을 비롯하여 천연의 자연을 가진 국가들이 산업국가들의 식량기지로 전락하면서 야생동물 서식지가 축사나 대규모 공장식 농장으로 빠르게 침략당하고 있다. 우리나라도 식량자급률이 세계 최하위 국가 중 하나다. 주로 중국을 비롯한 농업 국가들로부터 식량을 수입하는 것에 절대적으로 의존하고 있다.

이러한 상황에서 자급자족하는 소규모 경제로 생계를 유지하던 원주민들은 주거지를 잃고 도시 빈민층이나 농장 노동자로 전락하며 이전보다 빈곤하고 열악한 식량 상황과 주거 환경에 내몰렸다. 야생동물과 인간의 접촉은 더 이상 예외적인 사건이 아니라 일상이 되었다. 충분한 숙주를 찾을 수 없는 야생 바이러스나 세균들이 새로운 숙주, 즉 인간에게 적응하는 것은 필연이다. 이는 산업국가들의 식량기지로 쓰이기 위해 함부로 파괴한 자연에 생활 세계가 노출된 원주민들이 억울하게 감염되는 상황에 처했음을 의미한다.

누구나 병을 옮길 수 있다

팬데믹 원인을 밝히는 일은 과학적으로 매우 중요하다. 바이러스가 어디서 왔는지 알아야 예방과 치료, 방역을 위한

216

의약학적 방법을 찾기가 수월하다. 그러나 질병 원인을 객관적으로 밝히는 일은 어디까지나 과학의 영역이어야 한다. 자신이 확진된 줄 알면서도 타인의 얼굴에 일부러 재채기를 하는 불순한 의도의 행위가 아닌 이상, 바이러스가 인간1에서 인간2로 전염되는 것을 인간1의 잘못이라 보기 힘들다. 인간1, 인간2 모두 환자일 뿐이다. 날숨과 들숨으로 공기를 공유하는 존재 특성상, 감염자는 타인을 완전히 감염시키지 않을 확률이 없다. 아무도 없는 곳에 홀로 격리되었다가 스스로 완치를 증명하며 돌아올 수 있는 게 아니라면, 어떠한 감염자도 타인과의 접촉을 피할 길이 없다.

위기로 인해 사회가 혼란스러울 때 정의 가치가 윤리에서 더 중요해진다. 그러나 동시에 정의의 이름으로 사회적 고통 발생과 확산의 잘못을 특정 집단에 몰아서 증오의 대상으로 삼는 행위가 윤리적인 것처럼 둔갑하기도 한다. 불안과 공포의 근원적 감정에 공동체의 연대로 용감히 맞서 버티기보다, 누군가를 탓하고 원망하는 마음이 불안과 공포를 잠시나마 망각하도록 하기 때문이다. 과학이 전염병의 원인을 따져나갈 때, 윤리가 그 일에 성급히 끼어들어서는 안 된다. 병은 의도적으로 전염병을 옮기거나 이윤을 목적으로 고용인의 생명에 위험을 가하는 산업재해 질병과 같이

217

예외적인 경우가 아니라면, 사람의 탓이 아니기 때문이다.

이제까지 우리가 아는 지식에 따르면, 코로나 바이러스는 기침이나 재채기를 할 때 형성되는 비말이나 침을 통해 타인에게 전염된다. 인간은 비말을 완전히 통제할 재간이 없기에 누구나 병을 옮길 수 있다. 누구나 옮길 수 있지만, 그렇다고 누구나 병을 얻는 것도 아니다. 바이러스에 노출되어도, 면역력이라는 개인 능력에 따라 병에 걸리지 않는 이들이 있다. 하지만 개인의 '자기방어 능력'인 면역력이 어느 정도인지 파악하기란 매우 어려운 일이다. 병에 걸리는 것도, 걸리지 않는 것도 인간의 통제권에 완전히 들어오지 못한다.

팬데믹에 의미를 부여하려는 그리스도인들

이러한 사실은 그리스도인에게 더 명백하게 인지될 수 있다. 그리스도인들은 생명 활동의 최종 주권이 하나님께 있다고 믿는다. 즉 생명의 탄생과 성장, 번성뿐 아니라 모든 질병과 전염병, 노화와 죽음은 인간의 통제를 근원적으로 벗어나 있다고 믿는다. 첫 인류로 인해 죽음이 인간의 생명

218

기독시민교양을 위한 나눔 윤리학

에 들어왔다고 믿는 창조신앙 측면에서 생각해보자. 생명 유한성의 상징인 질병은 인류가 공유하는 원죄의 결과로서 죽음의 부수적 현상일 수는 있어도 환자 개인이 저지른 잘못의 결과는 아니다.

그리스도인들은 "원기가 떨어져서 보약을 먹어도 효력이 없을 것"(전 12:5 새번역)이라는 전도서 기자의 고백이나, 발바닥에서부터 정수리까지 악성종기로 고생하면서도 '복이 하나님께로부터 왔듯이 재앙도 하나님께로부터 왔다'고 고백하는 욥의 태도에 익숙하다. 그런 점에서 볼 때, 일상을 위협하는 코로나 감염이 박쥐나 천산갑을 먹었다는 중국인 탓일 수도 없고, 그런 중국인과 같은 도시에 살거나 같은 국적을 가진 다른 중국인들 탓일 수도 없다. 같은 이유에서, 신천지 교인 탓일 수도 없고 생활치료센터를 탈출한 무슬림 탓일 수도 없다.

우리는 모두 첫 인류의 후손으로서 죽어야 하는 운명에 처하였고, 그 운명 속에서 언젠가 모두 병에 걸린다. 바이러스가 미-생물(未-生物)이 아니라 미생물(微生物)인 경우라면, 인간에게 치명적인 바이러스는 인간의 죽을 운명을 실현하기 위해 피조물로서 부여된 역할에 최선을 다하고 있을 뿐이라는 해석에 이를 수도 있다. 실제로 히브리 성서 역시 전염병 발생이 병자 개인의 잘못이 아니라 이스라엘 민족의 구속사 과정에서 펼쳐지는 창조주의 의지라는 관점을 반복적으로 드러내기에, 우리는 바이러스의 치명적 활동에 신학적 의미를 부여하려는 습관을 반복한다.

이러한 해석 습관은 이번 팬데믹이 현대 자본주의 사회의 탐욕이 만들어낸 자연 파괴와 생태계 교란, 나아가 그로 인해 초래된 기후위기에 대한 '신의 형벌'이나 '저주'라고 주장하는 일부 종교 지성인들에게서도 그대로 나타나고 있다. 그런데 정말로 세계 시민 모두가 팬데믹을 신의 형벌이나 저주라고 인정하게 된다면, 우리는 이 위기를 함께 잘 극복할 수 있을까? 기독교 윤리는 그 사실을 만방에 가르치면 되는 것일까?

기독교적 무신론자 지젝이 말하는 '발병의 비신화화'

종교인들의 그러한 해석 습관에 의문을 갖게 해준 이가 있다. 스스로를 '정통 라캉주의적 스탈린주의자' 또는 '마르크스주의자'라고 하면서도 동시에 '기독교적 무신론자'라는 모순된 호칭을 자처하는 철학자 슬라보예 지젝(Slavoj Zizek)

이다. 2020년 코로나로 유럽 방역이 처참하게 무너지던 시점에서 그는 의료나 경제뿐 아니라 정치와 사회문화 전반에서 전례 없는 혼돈과 위기에 휩싸인 서양 사회의 문제점을 분석했다. 그러면서 코로나로 발생한 여러 분야의 재난을 국가가 적극적인 역할로 대처하는 '재난 공산주의'를 제안하였다. 그런데 그의 글에서 실제로 의미 있었던 부분은 팬데믹 위기를 헤쳐나갈 그의 대안이 아니었다. 종교인이자 신학자로서 나는 다음 구절에서 눈을 멈출 수밖에 없었다.

우리는 지금 유행하는 감염병이 무언가 더 깊은 의미를 지니고 있을 거라고 생각하려는 유혹에 빠지지 말아야 한다. '이 사태는 지구상의 다른 생명체들을 무자비하게 착취해 온 인류에게 내린 잔혹하지만 정당한 처벌이다.' 이러한 감춰진 메시지를 찾는다면, 우리는 우주를 소통 파트너로 간주하는 전근대적 상태에 머무르고 말 것이다. 우리의 생존 자체가 위협받을 때조차도, 우리가 처벌받고 있으며 우주가 (혹은 외계의 누군가가) 우리 일에 여전히 관여하고 있다는 사실은 무언가 위안이 된다. 그럴 때 우리는 무언가 심오한 차원에서 의미 있는 존재가 되기 때문이다. 우리가 정말로 받아들이기 힘든 것은 지금 유행하는 감염병이 자연의 우연성이 가장 순수하게 발현한 결과요, 그냥 생겨났을 뿐만 아니라 아무 숨겨진 의미도 없다는 사실이다. 더 거대한 사물의 질서 한가운데 인간은 특별히 아무런 중요성도 없는 한갓 종에 불과하다.*

이 부분만 읽으면, 지젝이 인간의 존엄성을 부인하기 때문에 팬데믹으로 인한 수많은 희생자의 죽음 역시 특별하지 않다는 냉소적 입장을 가진 것처럼 보인다. 그러나 '기독교적 무신론자'라는 정체성을 표방한 철학자에게는 근본적으로 타자와 더불어 사는 책임에 대한 윤리가 가득하다. 분명히 그는 마르크스주의 유물론자로서 자신을 '무신론자'라고 하면서도 '기독교적'이라는 모순된 꼬리표를 붙인다. 팬데믹이라는 절체절명의 위기 속에서 전염병의 원인을 비겁하게 신에게 돌리지 않으면서도, 동시에 전염병에 대한 인간 사회의 공동체적 책임을 강력하게 북돋는 기독교의 이웃 사랑 윤리만은 포기하지 않고 끈질기게 요구해야 했기 때문이다.

그런데 왜 지젝은 팬데믹을 신의 저주나 형벌로 해석하

---

* 슬라보예 지젝,《팬데믹 패닉》, 강우성 옮김, 북하우스, 2020, 30-31쪽.

는 종교인들의 오래된 해석 습관을 반대하는가? 이를 단순히 종교에서 윤리만 취하고자 하는 현대 무신론자의 반항이라고 깎아내릴 수는 없다. 내가 볼 때 지젝은 신학자 루돌프 불트만(Rudolf Bultmann)의 그 유명한 '비신화화'라는 말을 적용해도 될 만큼, 전염병이나 질병의 원인을 신의 형벌이나 저주로 해석하는 전통으로 회귀하는 현대 종교인들을 상대로 '발병과 전염의 비신화화'를 요청하고 있다.

병을 신의 형벌과 저주로 보는 해석학은 병을 단순히 환자 개인의 잘못이 아니라 창조주의 구속사에서 사용되는 도구로 인지하게 한다. 그리하여 발병을 논할 때 근본적으로 환자 개인을 탓할 수 없음을 이해시키려 한다. 그러나 이 해석학은 '원죄' '죽음' '질병'의 트라이앵글 속에서 현실적으로 환자와 그가 속한 집단을 신 앞에서 부정한 존재로 보는 '부정함의 해석학'으로 옮겨가며 '발병과 전염의 신화' 안에 또다시 갇히고 만다.

결과적으로 부정함의 해석학은 전염병을 물리계의 원리로 객관화하는 사고를 마비시킨다. 또한 병자들을 부정하다고 판단하여 공동체에서 격리, 축출하는 차별 정치의 이데올로기가 되고 만다(레 13장). 그러니 지젝은 코로나 발병과 전염이 어설픈 종교인들에 의해 신의 뜻으로 둔갑해 환자와 그 집단을 혐오하는 정치로 작동하는 것을 두고 볼 수 없었던 것이다.

'부정함의 해석학'을 깨고 이웃 사랑 윤리를 보이신 예수

사실 '부정함의 해석학'과의 대결은 예수의 사역에서도 중요한 위치를 차지했다. 그는 갈릴리 유대 사회에서 차별과 배제의 정치 이데올로기 기능을 하던 율법 전통의 '부정함의 해석학'을 깨고, 다양한 이들의 병과 장애를 그저 치료자인 그가 고칠 수 있는 질병이나 장애쯤으로 대했다. 복음서의 신유 사역 속에는 병의 원인을 환자의 잘못이나 부정함에서 찾는 태도가 중단되고, 그의 기적 역시 구세주의 표적이라고 의미를 부여하는 신학적 해석도 거부된다. 기적적인 신의 능력으로 고치지만, 사람들이 기적만 보고 자신을 신격화하는 일을 거부하는 아이러니를 보여준 것이다. 다만, 예수는 병과 장애가 당사자의 삶을 옥죄는 고통이 될 때 그 고통에 깊이 공감하시고 그를 고쳐 사회로 복귀시킨다. "고쳐줬으니 나를 따르라"라는 대가성 명령조차 없이 예수는 치료된 병자들을 집으로 마을로 돌려보낸다.

224

물론, 예수 역시 현대 과학적 세계관을 전혀 몰랐던 시대의 사람이기에 그의 말씀과 행위는 성서의 여러 본문에서 '신화적 개념들'과 완전히 분리되지 않았다. 예수 자신이 고대 신화적 세계관에 머물러 있었던 것인지, 성서 저자들이 예수의 행적을 고대 신화적 세계관 안에서 해석하여 기록한 것인지는 확인하기 어렵다. 분명한 것은 성서에 기록된 예수는 한편으로 병과 장애를 부정함의 해석학에서 확실히 분리했으나, 다른 한편으로 병과 장애의 상태를 '죄에 빠짐'이나 '귀신 들림'으로 보아 병으로부터의 치유를 '죄로부터의 해방'으로도 여기고 있다는 사실이다(막 2:1-12; 막 5:1-20; 눅 4:31-37, 8:26-39).

그렇다면 예수 혹은 성서 저자들은 여전히 '발병과 전염의 신화' 속에서 벗어나지 못했는가? 그러나 나는 그리스도인으로서 '기독교적 무신론자'와 다르게, '비신화화'의 목적이 하나님의 행동에 대한 인간의 신앙을 부정하고 자연 질서를 인과론 관점에서만 이해하는 과학적 사유의 승리를 선포하는 데 있지 않다고 믿는다. 불트만이 말했듯이 "신앙은 사건들을 자연적이거나 역사적인 상관관계 속에서 완전하게 이해할 수 있는 하나의 사건을, '그럼에도 불구하고' 지금 여기에서 하나님의 행동으로 이해하는 것이며 이것이야말로 신앙의 역설인 것이다."* 그가 말하는 "그럼에도 불구하고, 지금 여기에서"라는 말은 곧 지금 바로 벌어지는 일들에 대한 신앙인의 결단만이 지금 여기에서 활동하시는 하나님의 행동의 실제성을 드러낸다는 고백이다.

신앙인의 결단이란 무엇인가? 그것은 누구의 잘못으로 전염병이 시작되었는지 추적하고 증오하는 광기일 수는 없다. 팬데믹 상황에서 신앙인의 결단은 오직 '이웃 사랑 윤리'로만 드러날 뿐이다. 이웃 사랑의 윤리는 어떻게 아픈 이를 잘 보살필 수 있는지, 어떻게 함께 전염병으로 인한 사회 위기를 막아낼 연대를 조직할 수 있는지 고민하게 한다. 이웃 사랑의 윤리가 사회를 주도할 때에만 인류는 팬데믹의 비극 속에서 살아있음, 즉 생명의 의미를 찾을 수 있다.

---

* 루돌프 불트만, 《예수 그리스도와 신화》, 이동영 옮김, 한국로고스연구원, 1994, 83쪽.

기독시민교양을 위한 나눔 윤리학

팬데믹 시대의 윤리 2: 구조적 고통에 대한 저항의 연대

역사적 예수 연구가 존 도미니크 크로산(John Dominic Crossan)은 예수가 병을 고치고 귀신 들린 자들을 치료한 치유 기적 사건을 연구하면서 질병을 치료하는 일(curing a disease)과 고통을 치유하는 일(healing a illness)에는 중요한 차이가 있다고 주장한다. 질병이 환자와 의사, 병균(병의 원인)의 문제라면, 고통은 환자가 심리 차원에서 겪는 현상이 아니라 환자와 가족, 의료진, 나아가 사회 구성원들이 함께 경험하는 배제와 거부, 차별과 혐오 같은 사회·정치적 불의함의 문제라는 것이다. 크로산은 역사적 예수 연구가답게 예수의 치유 기적을 질병 치료라는 물리적 차원의 변화로 이해하기보다, 사회적 배척과 제의적 '불결함'의 낙인에 매인 환자들에게 사회·정치적 해방을 주는 "사회적 세계에서

227

이루어지는 변화"라고 주장하였다.* 이와 같은 관점에서 그리스도인들은 팬데믹 상황에서 무엇을 보고, 무엇을 변화시켜야 할까? 고통의 사회윤리학 관점에서 우리 사회와 세계에서 일어난 일들을 돌아보고자 한다.

'질병' 전염 이상으로 실재했던 '고통'의 비참함

2020년 1월 20일, 한 외국인 관광객이 국내에서 처음으로 코로나19 확진 판정을 받았다. 그로부터 한 달 뒤 경북 청도대남병원에서 첫 사망자가 발생했다. 시기상 그보다 앞선 대구 신천지 교회의 집단감염이 알려지면서 감염자들의 무지와 무책임한 행동에 대한 국민적 원망과 분노가 막 끓어오르던 때였다. 감염된 신천지 교인이 방문했다고 알려진 청도대남병원에서 집단감염뿐 아니라 첫 사망자가 발생하자 정부는 서둘러 코호트 격리 조치를 시행했다. 정부의 발빠른 대응과 전국에서 자원한 의료진의 희생으로 청도에서

---

* 존 도미니크 크로산, 《예수 – 사회적 혁명가의 전기》, 김기철 옮김, 한국기독교연구소, 2001, 132쪽.

228

의 사투는 다행히 두 주 만에 마무리되었다.

그러나 인간은 타인의 고통을 충실히 기억하는 존재가 아니다. 특히 제1급 감염병의 유행 앞에 겁먹은 '대중'으로서의 인간은 실재하는 타인의 고통보다 앞으로 닥칠지 모를 자기 고통의 가능성에 훨씬 집중한다. 실제로 청도대남병원에서 일어난 비극에 조금이라도 관심을 두고 기사를 검색해보면 '질병' 전염 이상으로 실재했던 '고통'의 비참함에 직면하게 된다. 청도대남병원에서 첫 환자가 발생한 뒤 병원 전체에서 112명의 확진자가 나왔다. 하지만 아픈 사람들이 모인 병원이다보니, 신천지 교회의 집단감염 사태와 달리 어떻게 그렇게 집단적인 감염이 이루어졌는지에는 대중이 크게 주목하지 않았다. 112명의 확진자 중 102명이 유독 정신병동에 집중되어 있었을 뿐 아니라, 104명의 정신병동 입원자 중 코로나에 감염되지 않은 이가 두 명밖에 되지 않았다는 사실, 심지어 102명의 감염자 중 총 일곱 명이 목숨을 잃으며 약 7퍼센트의 높은 사망률을 기록했다는 사실을 기억하는 이들이 많지 않다. 당연히 이 숫자들이 무엇을 의미하는지 이해하는 이도 거의 없다.

그나마 청도대남병원은 코로나 확진자 국내 첫 사망자 발생지라는 면에서 그 이름은 대중의 기억에 남을 것이다.

229

하지만 이후 약 한 달 뒤 발생한 대구 제2미주병원의 집단 감염을 기억하는 이는 찾기 힘들다. 이 병원은 여러 면에서 청도대남병원과 판박이였는데, 확진된 133명 중 127명의 감염자가 폐쇄 정신병동의 입원환자였다. 이러한 일은 이후에도 멈추지 않고 전국의 수많은 정신병원과 요양시설에서 반복되었다. 코로나 첫 사망자 발생 이후 같은 해 11월 21일 기준 코로나로 인한 사망자 698명 중 치매·조현병 등 정신질환자 사망 비율은 무려 38퍼센트에 달했다.*

질병 원인과 발생 과정을 탐구하는 병리학적 관점에서 봤을 때 정신병동이나 요양병원의 집단감염은 충분히 예견된 일이었다. 이들은 대부분 장기적으로 입원하고, 때에 따라 폐쇄 격리 조치를 경험한다. 격리는 감염자와의 접촉만 피할 수 있다면 바이러스 없는 청정 지역을 만드는 데 유리하겠지만, 단 한 명이라도 감염자와 접촉하게 되면 폐쇄 병동 특성상 감염을 피할 수 없다. 특히 여러 기저질환을 한꺼번에 앓으며 신체적 능력과 면역력이 모두 떨어져 있는 장기 입원환자들의 특성을 고려한다면 왜 사망률이 그토록 높

---

* 이가연, "청도대남병원 정신장애인들은 어디로 갔을까?", 〈비마이너〉, 2020. 12. 31. https://www.beminor.com/news/articleView.html?idxno=20520 (2022.08.10. 검색)

기독시민교양을 위한 나눔 윤리학

은지 이해 못 할 일은 아니다.

그러나 질병 너머 고통의 차원에서 이 사건들을 바라보면 정신병동 및 노인성 질환 환자들의 개별 질병이 어떠한 사회구조적 배경에서 비참한 고통과 연관되어 있는지 놀라지 않을 수 없다. 코호트 지정 이후 방호복을 입은 외부 의료진이 병동에 진입했을 때 그들이 목격한 환자들의 상황은 개인 병상 없이 온돌바닥에 단체로 누워있는 모습이었다. 치료와 돌봄이 이루어지는 의료기관이 아니라, 인간의 기본 욕망마저 충족하기 어려운 상황의 집단격리 수용소에 가까웠다. 이러한 상황에서 첫 사망자의 체중이 겨우 42킬로그램이었으며, 그가 폐쇄병동에서 20년간 입원해있던 환자였다는 사실은 많은 것을 의심하게 했다. 그가 "쇠약하여 시설에 갇힌 것인지, 시설에 오래 수용되어 쇠약해진 것인지"* 그 인과관계를 파악하기 어렵지만, 코로나 감염 이전에도 그의 삶이 녹록하지 않았으리라는 사실은 어렵지 않게 추정할 수 있다.

우리나라는 기본적으로 치료나 보호를 목적으로 중증 정신장애인이나 노인성 정신질환자를 격리시설에 장기 수용

---

* 앞의 글.

하는 방식으로 의료복지제도를 발전시켜왔다. 이러한 상황에서 청도대남병원 같은 시설에 수용된 환자들은 대개 오랜 병력으로 가족 방문이나 지원이 끊겨있고, 공적부조 형태로 지급되는 의료급여를 통해 치료비와 입원비 대부분을 충당한다. 이로부터 환자들은 최소한의 생존 치료와 보호를 받을 수 있지만, 실제로 이러한 기관들은 낮은 수가의 의료급여에 맞춰 경영의 수지타산을 계산하기에 시설이나 의료·보호·돌봄 인력에 자금을 충분히 투자하지 않는다. 물론 병원 경영진은 '가장 열악한' 의료·요양기관이라는 불명예를 얻겠지만, 그것만 참는다면 싼 병원의 지위를 유지하는 대가로 이윤을 계속 뽑아낼 수 있는 '이코노믹'한 구조를 구축할 수 있다.

인간다움을 퇴행시키는 시설

20년 동안 폐쇄병동에 갇혀 사생활 보호 없이 집단생활을 해야 하는 삶은 도대체 어떠한 것일까? 철학자 마르틴 하이데거(Martin Heidegger)가 "인간은 세계 내에 거주하는 존재다"라고 말했을 때, 프랑스 철학자 가스통 바슐라르(Gaston

Bachelard)는 '세계 내 거주'라는 말이 완성되려면 반드시 그 세계가 이중의 겹으로 이루어져야 한다고 주장했다. 인간은 집 안과 밖을 끊임없이 오가는 '안과 밖의 변증법적 존재'가 될 때에만 대자적(對自的) 존재이면서도 사회적 존재로서 인간 본연의 삶을 살아갈 수 있기 때문이다.

그러나 굳이 이렇게 거창한 철학적 정의를 찾지 않아도, 20년이라는 긴 시간의 격리는 근본적으로 사회적 존재인 인간의 관계성을 파괴할 뿐 아니라 타인과의 관계에서 자아를 키워가는 인간의 성장과 성숙을 근본적으로 중단시킨다는 사실을 우리 모두 알고 있다. 환자들은 치료를 목적으로 격리되었을 테지만, 격리 시간이 길어질수록 더는 치료할 수 없는 상태가 될 뿐이다. 즉 정신질환이 인간다움을 퇴행시키는 것이 아니라 격리와 고립이 인간다움을 퇴행시킨다.

솔직히 말해 우리는 이러한 '비극적' 시설의 존재를 전혀 몰랐다고 할 수 없다. 드라마나 영화에서 재현되는 정신병동이나 요양시설을 보며 이미 짐작할 수 있었다. 다만 남은 가족의 프라이버시나 사회 안전을 위해 장기 격리는 불가피한 선택이라고 믿고 싶었을 뿐이다. 다행히도 그러한 격리 시설들은 대부분 우리 양심이 자극되어 불편한 마음을 느끼지 않도록, 사람들 시선이 잘 닿지 않는 도시 밖 외진 곳으

233

로 흩어졌다. 당연히 공적 감시망에도 쉽게 포획되지 않는 사각지대가 발생하기 쉽다. 이러한 점을 염두에 둘 때, 청도 대남병원을 비롯하여 정신병동과 요양시설의 감염자들은 대부분 감염에 취약한 이들이기도 했지만, 오래전부터 사회 안전과 질서를 위협하는 존재로 낙인찍혀 인간으로서의 기본 욕망을 제약당하고 사회적 고립과 차별에 고통받는 이들이기도 했다.

플랫폼 노동과 콜센터 집단감염은 무엇을 말하는가

팬데믹이 오랫동안 숨겨져있던 격리수용 환자들의 고통만 드러낸 것은 아니다. 일부러 알고 그런 것처럼 코로나는 노동환경이 가장 열악한 곳을 어김없이 찾아내 문제를 일으켰다. 최근 급격하게 성장한 플랫폼 노동 기반 산업의 대표 격인 쿠팡 물류센터에서도 150명이 넘는 집단감염이 발생하였다.

쿠팡은 비용 면에서 중·단기 계약직 노동자보다 저렴한 일용직 노동자들에게서 노동력의 상당 부분을 충당하여 택배 배송업의 혁신을 일으킨 기업이었다. 하지만 팬데믹 상

234

황에서 싼 인건비로 그날그날 노동자를 고용하는 구조 하에서 전염병 예방을 위한 위생이나 안전에 대한 책임을 노동자에게 요구하기에는 매우 힘들다. 특히 코로나 전염을 예방하기 위해 높은 수준의 방역 지침이 전국적으로 실시되고 있었음에도, 쿠팡은 플랫폼 노동자들이 냉동창고에서 일할 때 반드시 입어야 하는 방한복이나 작업화의 살균 소독을 제대로 하지 않은 채 공유하여 사용하도록 했다. 또한 상온과 냉동의 급격한 온도 차가 있는 공간을 반복적으로 이동하며 일해야 하기에 마스크가 쉽게 젖어 호흡기를 충분히 보호할 수 없는 상황인데도 이를 방관하였다. 심지어 사회적 거리두기를 고려하지 않은 채 짧은 시간 내에 도시락을 단체로 섭취하도록 하며 노동자의 안전과 건강을 기본으로 하는 노동권을 심각하게 침해했다.

그보다 앞선 2020년 3월, 구로 코리아빌딩 콜센터에서 발생한 최소 34명의 집단감염도 열악한 노동조건과 관련이 깊다. 1960-1980년대 여성 노동자가 일하는 가장 열악한 사업장이 가발이나 신발 공장, 방직·의류 공장이었다면, 2020년 여성 노동자가 일하는 가장 열악한 사업장은 콜센터가 되었다. 헤드셋을 끼고 모니터 앞에 앉아 온종일 민원이나 소비자 상담 업무를 처리하는 일은 고객 응대 횟수에 따라 양적으로 기록될 뿐 아니라, 사후 고객 평가 시스템을 통해 질적으로도 평가받아야 했다. 특히 고객의 불평이나 요구에도 적극 응대해야 하는 감정노동이 콜센터 노동의 본질이 되면서 업무 스트레스가 상상을 초월할 정도로 강하다. 이 점을 인지한다면 왜 이곳 노동자 중 일부가 바이러스 전염 위험이 크다는 사실을 알면서도 휴식 때 흡연을 포기하지 못해 스스로 집단감염의 매개체가 되었는지 어렵지 않게 이해할 수 있다.

이들의 열악한 노동조건은 앞서 언급한 쿠팡 플랫폼 노동의 조건과 그 본질이 다르지 않다. 최근 10여 년간 대다수 기업체는 전화 서비스 업무를 하청 업체에 외주를 주는 방식으로 비용과 책임의 간소화를 추구하며 프레카리아트 (Precariat, 불안정한 노동 상황에 있는 집단을 지칭하는 신조어) 노동의 하위 직종을 새롭게 구축해왔다. 이러한 구조 속에서 콜센터는 낮은 급여와 불공정한 계약 상태일지라도 당장 일자리가 필요한 경력 단절 여성들의 주요 직장이 되었고, 그렇게 콜센터는 신자유주의 노동시장이 탄생시킨 '구조적 고통'이 암묵적으로 허용되는 불의한 사업장 중 하나가 되었다.

20대 여성들의 치솟은 자살률, 영세 자영업자들의 이어진 파산

팬데믹은 단순히 집단감염에 노출된 환자들이 처한 구조적 고통만 드러내지 않았다. 이 고약한 병에 걸리지 않았더라도 사회적 거리두기로 인한 국내외 경제 악화는 경제적 취약자들에게 고통을 더욱 가하였다. 좋은 일자리 기회가 원래부터 많이 주어지지 못했던 청년과 여성 실업률이 상대적으로 높이 치솟았다. 특히 그 교차점에 있는 '20대 여성'의 어려움은 어느 집단보다 가중되었으리라고 전문가들은 추정한다. '코로나 블루'라 불리는 우울증이 세대와 성별을 가리지 않고 닥쳤지만, 20대 여성 자살률이 상대적으로 가장 크게 증가하였기 때문이다. 최근 우리 사회의 반페미니즘 논란에서 역차별을 당한 집단으로 지목받아온 20대 여성들이 전염병이라는 사회적 재난 앞에 실제로는 심리적·경제적으로 가장 취약한 집단이었음을 방증한다고 해석할 수 있다.

사회적 거리두기로 피해 입은 영세 자영업자들 역시 이전부터 부당한 시장구조에서 큰 어려움을 겪고 있었음을 부인할 수 없다. 대규모 자본력을 동원하는 기업들은 온라인 기반 사업으로 빠르게 전환하여 위기를 모면하고 영업 이득을 늘려갔지만, 새로운 기술과 자본이 부족한 영세 자영업자 상당수는 수개월 치 임대료를 고스란히 빚으로 떠안았다. 심지어 수천, 수억 원에 이르는 권리금마저 회수가 불가능한 파산 상태에 직면한 이들도 부지기수다.

이들 대부분은 재취업을 위한 공적 지원과 안전한 노후를 위한 사회보험제도가 충분히 준비되지 않은 상황에서 은퇴나 조기 퇴직으로 내몰린 베이비붐 세대다. 이들은 치킨집, 빵집, 편의점, 노래방, 호프집의 프랜차이즈 가맹점이나 영세 자영업 사장님이라는 제2의 운명 앞에 서게 되었다. 하지만 애초부터 임대업자나 프랜차이즈 본사가 압도적으로 유리한 위치를 선점하고 있는 수익 분배 구조에서 '사장님들'의 수익은 팬데믹 이전부터 이미 생존을 위한 최소 분기점을 오락가락하고 있었다. 팬데믹은 그들이 허울 좋은 사장님에 불과할 뿐, 임대업자나 프랜차이즈 본사에 이윤을 몰아주는 '순진한 고객'이었음을 명백하게 드러내는 계기가 되었다.

세계로 눈을 돌려보자. 코로나는 이전 전염병들과 달리 선진국과 개발도상국을 가리지 않고 확산되었다. 그러나 확진자 대비 사망률은 국력 차이와 높은 상관관계가 있다는 점이 확실히 드러났다. 특히 주요 백신 개발을 미국과 영국 제약회사들이 주도하면서 고소득 국가의 백신 접종 완료자

비율이 성인 인구 대비 약 50퍼센트에 달했다. 반면에 저소득 국가의 접종 완료율은 2퍼센트가 채 되지 않았다. 코백스 퍼실리티(COVAX facility, 국제 백신 공동 구매·배분을 위한 국제 프로젝트)를 통해 저개발 국가들에게 백신을 제공하려는 국제 공조가 없지는 않지만, 백신 가격의 부담뿐 아니라 추가 접종을 위해 물량 확보를 포기하지 않는 선진국들 때문에 백신의 공정한 분배는 애당초 불가능했다.

그러나 백신 불평등은 전혀 새롭지 않다. 이미 수백 년에 걸쳐 심각하게 벌어져온 대륙 간, 국가 간 자본과 기술의 불평등이 백신 분배에도 고스란히 반영되었을 뿐이다. 코로나는 가난한 나라의 가난한 국민이 이미 겪고 있던 고통을 가중한 것이지, 이전까지 존재하지 않던 고통을 새롭게 탄생시킨 것이라 보기 어렵다.

공동체의 악을 직시해야 할 '겸허함'의 시간

병리학은 팬데믹의 발생 원인과 확산 경로를 분석한다. 그러나 고통의 사회윤리학 차원에서 바라볼 때, 팬데믹은 한 사회, 한 국가, 나아가 전 세계에서 가난과 차별, 배제와 불

239

평등으로 이미 오래전부터 고통받아온 사람들의 어려움을 가중하는 방식으로 비로소 고통의 사회 구조를 공동체에 가시화한다.

이런 팬데믹 상황에서 그리스도인은 겸허해질 수밖에 없다. 팬데믹으로 비로소 직시하게 된 우리 주변과 세계 이웃의 고통이 사실은 오래전부터 많은 사람의 외면 속에 뿌리 깊게 구조화되어온 것이기 때문이다. 한마디로 팬데믹 시대는 그리스도인에게 공동체의 구조적 악을 직시해야 할 겸허함의 시간이다.

겸허함의 시간은 사회의 악을 관조하는 지식인의 정체된 시간을 의미하지 않는다. 초기 그리스도교를 사회학적 관점에서 연구한 신약학자 게르트 타이센(Gerd Theissen)은 갈릴리 유대 사회를 돌아다니며 가난한 이들에게 구체적이고 물질적인 도움을 줄 뿐 아니라 그들을 괴롭히던 질병을 치유하기 위해 베풀었던 예수의 기적 이야기들에 대해 이렇게 썼다.

기적 이야기가 전해지는 곳에서는 대다수에게 빵이 부족한 사태, 수많은 병자가 치료받지 못하는 사태, 정신이 온전치 못한 이들이 오갈 곳을 찾지 못하는 사태가 묵인되지 않을 것이다. 이 이야기가 전해지는 곳에서는 절망적인 병에 걸린 사람에게 등을 돌리는 일이 일어나지 않을 것이다. '아래로부터' 읽는 기적 이야기는 언제나 인간의 아픔에 대한 항거다.*

우선 이 말은 예수의 기적을, 당장 눈앞에 있는 환자의 질병을 고치는 것으로 완료된 사건이라 보지 않겠다는 전제에서 시작한다. 예수의 기적은 하나의 이야기가 되어 초대 그리스도인들에게 입에서 입으로 전파되면서 중요한 효과를 낳았다. 예수의 기적 이야기를 받아들인 그리스도인들에게는 환자들과 그 주변인들이 겪는 고통이 질병의 결과가 아니라, 윤리적 책임을 회피하는 인간의 악이 만들어낸 불의로 재정의하는 새로운 믿음의 눈이 생겼다. 그래서 그리스도인들은 그러한 사태를 묵인하지 않을 책임, 결국 타자의 고통과 아픔에 함께 항거해야 할 책임이 있다. 그 책임을 실현하는 실천 속에서 예수의 기적 이야기는 생명력을 갖고 다시금 살아있는 말씀이 된다.

팬데믹 시대를 견디기 위해 우리가 해야 할 일은 전염병

---

* 게르트 타이센·아네테 메르츠, 《역사적 예수》, 손성현 옮김, 다산글방, 2010, 456쪽.

이 새롭게 발생시킨 문제들을 해결하는 대안을 찾는 것을 넘어 팬데믹을 계기로 비로소 가시화된 우리 주변 이웃들의 오랜 고통에 응답해야 한다. 고통이 구조적 악에서 비롯된 것일수록, 구조에 저항하는 그리스도인의 연대도 커져야 한다. 포스트 팬데믹 시대에 그리스도인이 제일 먼저 할 일이 교회당 예배의 복원이 아니라, 바로 그것이 되면 좋겠다. "나는 인애를 원하고 제사를 원하지 아니하며 번제보다 하나님을 아는 것을 원하노라"(호 6:6)라는 말씀을 따라, 하나님이 원하시는 '변함없는 사랑'의 겸허한 실천이 팬데믹이라는 광야의 시간을 견뎌낸 우리가 깨달은 가장 큰 배움이 되었으면 한다.

13
생태적 종말에 필요한 윤리: 기후위기가 고지한 집단 죽음

하이데거는 '사람은 죽는다'라는 보편 명제 아래 자기 자신의 죽음을 여러 사람의 죽음 중 하나로 상대화하며 죽음에 대한 두려움을 희석하는 현대인의 행태를 비판했다. 죽음은 '지금 여기 존재하는' 자기의 고유한 존재성이 순식간에 사라지는 사건이지만, 오히려 이러한 죽음을 향해 '미리 달려가 볼' 수 있는 자유를 실현하는 사람이야말로 유한한 자기 존재를 제대로 이해할 수 있다고 보았기 때문이다. 시대를 대표하는 철학자의 알 듯 말 듯 어려운 이 이야기는 '나만 죽는다고 하면 무섭고 억울한데 어차피 다 같이 죽는다고 생각하면 왠지 모르게 위안을 받는' 범인들의 어리석음을 예리하게 포착한 것이라 할 수 있다. 그러나 집단의 죽음보다 개인으로서의 죽음을 더 중요하게 보았던 하이데거는,

그래서 20세기 철학자에 머물고 만다.

고지된 '인류의 죽음' 앞에서 무심한 인간

21세기 현대인이 미리 달려가봐야 하는 죽음은 '자기 죽음' 만이 아니다. 넷플릭스 드라마 〈지옥〉에서 죽음의 '고지'는 개인에게 계시되지만, 사실 우리 모두에게는 '인류의 죽음' 이자 '지구 생태계의 죽음'이 이미 고지되었다. 20세기 인간 에게는 타인의 죽음에 자기 죽음을 희석하며 존재의 고유성 을 회피하는 것이 문제였다면, 21세기 인간에게는 자신의 풍요로운 삶을 연장하기 위해 타자의 죽음을 외면하며 생명 전체의 지속성을 파괴하는 것이 핵심 문제가 되었다.

절대 과장이 아니다. 이미 2015년 세계 195개국은 파리 기후변화협약에서 2100년까지 지구 평균기온 상승을 산업 화 이전 대비 2°C 이하로 유지하자고 만장일치로 결의하였 다. 이를 위해 국가별 감축 기여량을 계획하고 이행 실적을 점검하는 적극적 조치들을 해나가기로 약속하였다. 그러나 2015년 기준에서 보았을 때도 결의한 목표가 너무 안일하 다는 사실을 각국 대표들은 이미 잘 알고 있었다. 다만, 각국의 이해관계가 일치하지 않았기에 환경과학자들에 의해 제안된 1.5°C 상승 폭을 권고 사항으로 추가하는 데 만족해야 했다.

그러나 인간의 피부로는 도저히 구분할 수 없는 0.5°C의 차이에 무수히 많은 생명과 종(種)의 생사가 달라진다. 0.5°C를 낮춰 1.5°C로 상승 폭을 방어할 수만 있다면, 2°C 상승했을 때보다 해수면 높이가 2100년 기준 10센티미터, 2300년 기준 1.2미터 낮아질 수 있어서 태평양 섬과 세계 인구 중 41퍼센트가 거주하고 있는 연안 지역의 안전을 지켜낼 수 있다. 2°C 상승했을 때 99퍼센트 소멸할 산호도 30퍼센트는 살릴 수 있어서 해안선을 따라 생태계를 이루는 무수히 많은 어패류 종을 지킬 수 있다. 0.5°C 차이로 북극의 여름은 10년에 한 번 빙하가 모두 녹아내리는 빈번한 재앙에서 100년에 한 번 모두 녹아내리는 뜸한 재앙으로 선방할 수도 있다. 0.5°C의 온도 차이로도 농산물 생산량이 현격하게 달라지기 때문에 전 세계 수백만 인구의 빈곤 발생 여부가 좌지우지될 수도 있다.

1.5°C 합의 불발이 초래할 진정한 위기는 지구의 내적 항상성이 결국 다시 회복할 수 없는 '찜통 지구'(Hothouse Earth) 상태에 빠져서, 그 이후로는 아무리 노력해도 이전의

지구 환경으로 절대 돌아갈 수 없다는 사실에 있다. 게다가 더욱 끔찍한 것은 2050년까지 이산화탄소 배출량이 흡수량과 같아지는 '탄소 배출 제로 상태'라는 기적을 만들어내지 않고서는 2100년 1.5°C로 온도 상승 폭을 묶어둘 가능성도 물거품처럼 사라질 것이라는 사실이다. 그러나 더 솔직히 말하자면, 1.5°C는커녕 2°C 상승을 제한하는 일도 현재 상황에선 이미 불가능하다고 단언하며 파국을 전제한 채 재건을 논하는 일이 훨씬 현명한 태도라고 말하는 전문가들도 적지 않다.*

상황이 이리 급박한데도 우리는 얼마나 단순하고 어리석은가? 어떤 집을 '살' 수 있는지에는 상당한 관심을 쏟지만, 말년에 '살게 될' 집이 기후위기로 인해 잦아질 태풍과 장마에 충분히 안전할지 묻는 이는 거의 없다. 내 자녀가 어떠한 사회적 지위로 편하게 살게 될지는 심히 염려하면서도, 손주가 살아갈 세상이 생명 유지 자체가 보장될 수 있는 안전한 세상인지 걱정하는 이는 많지 않다. 건강하게 살겠다고 유기농 농수산물을 비싼 값에 사 먹지만, 육지나 바다를 터

---

* 기후위기와 관련된 과학적 정보 대부분은 다음 글을 참고하였다. 이정배 외, "IPCC 1.5°C 특별보고서를 통해 본 기후위기의 현실"(김연우), 《기후 위기, 한국 교회에 묻는다》, 동연, 2019.

기독시민교양을 위한 나눔 윤리학

전으로 수만 년을 살아오던 동식물들이 우리 시대를 끝으로 지구상에서 영원히 사라지고 말 것이라는 사실에 눈물 흘리는 이는 없다. 얼마간 융자를 받아 신재생에너지 관련주에 투자해야 하는지 고민하는 사람은 많아졌지만, 지난 세기 선진국과 산업국들이 초래한 기후변화와 해수면 상승으로 영토가 사라질 것이 거의 확실시되는 남태평양 투발루 국민의 해외 이주를, 인구가 겨우 1만 명에 불과함에도, 주변국과 선진국들이 외면하거나 거부했다는 사실을 아는 이도 많지 않다. 코로나 팬데믹으로 세계 시장에 닥친 위기를 말하는 이들은 많지만, 기후위기로 약 1억 명의 기후난민이 삶의 터전을 잃고 타지를 떠돌게 되리라는 사실에 진심 어린 위기의식으로 머리를 맞대는 이들은 없다.

이러한 태도는 단순히 이기적인 자기중심성만으로 가능한 것이 아니다. 근시안적 비합리성이 농후하게 섞여 있다. 더 충격인 것은 기독교 신앙을 가진 사람들이 이토록 이기적이고 비합리적 태도를 벗어나게 하는 데에 어떠한 동기나 목적도 제대로 주지 못한다는 점이다. 입으로는 창조세계의 주인은 하나님이요 인간은 그의 청지기라고 고백하지만, 창조세계의 파국적 재앙이 예견된 오늘을 사는 그리스도인들 대부분이 비그리스도인들과 전혀 구별되지 않는다. 안타깝

생태적 종말에 필요한 윤리: 기후위기가 고지한 집단 죽음

게도 최소한 기후위기에 대하여 우리의 신앙은 무능하기 그지없다.

서구 자본주의에 대한 친밀성

왜 우리 신앙이 기후위기 앞에서 이토록 무능한가? 크게 두가지 원인을 찾을 수 있다. 첫째, 그리스도인들과 서구 자본주의의 친밀성이다. 탄소 과대 방출로 인한 기후위기는 자본주의 산업화의 결과물이라고 해도 과언이 아니다. 자본주의는 과학기술 발달을 산업 현장에서 생산성 확장에 사용하였고, 생산성 확장은 자연 생태계 파괴와 노동자이자 소비자인 도시민의 폭발적 인구 증가를 통해 가능하였다. 특히 20세기 후반 신자유주의 옷을 입은 자본주의가 원료와 상품의 이동뿐 아니라 자본과 생산기지, 노동자들의 이동에 대해 세계 각국의 빗장을 활짝 열게 하자, 탄소 배출도 덩달아 급격히 늘 수밖에 없었다.

자본주의 동력이 이윤의 무한 증대에 있다는 사실은 그 본질에 결코 멈출 수 없는 '성장주의'가 잠재해 있음을 뜻한다. 물론 무제한 성장이 지구 생태계를 위협할 수밖에 없음을 자본주의 시장의 주요 구성원들도 대략 의식하고 있었다. 그 결과 '무한성장주의'라는 말은 21세기에 접어들어 '지속가능한 개발'이나 '지속가능한 성장'이라는 슬로건으로 빠르게 교체되었고, '친환경' 산업과 시장으로 전환 및 진행되고 있다. 물론 환경운동가들은 전기자동차나 태양광 패널을 비롯하여 다양한 친환경 산업과 이를 장려하는 국가 정책이 탄소 배출량을 줄이는 데 실효성 없는 기만적 정책이라고 비판한다. 아울러 '지속가능한 성장'이라는 말에서 알 수 있듯이 여전히 포기하지 못하는 '성장 신화'의 판타지를 깨고 '지속 불가능성'을 솔직히 수용하여 '탈성장'의 새로운 가치와 실천으로 과감히 궤도를 수정할 것을 주장한다.

성서만큼 물질주의에 대한 탐욕뿐 아니라 권력의 착취와 차별에 대해 일관되게 비판적 저항의 시선을 띄는 텍스트도 흔치 않다. 그러나 오늘날 많은 그리스도인은 기독교가 자본주의를 지지하거나, 자본주의가 기독교의 유일한 경제 체제인 양 오인하고 있다. 무한성장에서 지속가능한 성장으로, 심지어 탈성장으로 경제 슬로건에 대격변이 일어나는 오늘날에도, 여전히 많은 한국 그리스도인들은 1980-1990년대에나 통하던 자본주의식 성장주의에 익숙하다. 이는 분

생태적 종말에 필요한 윤리: 기후위기가 고지한 집단 죽음

단 이후 공산주의와 대치되는 자본주의 체제를 수용한 남한의 특수한 상황에서 한국교회가 폭발적인 선교를 이루었기 때문이기도 하다. 빈민국 상태에서 성장과 번영의 신화를 만들어낸 한국교회는 '삼박자 구원'으로 대표되는 성공과 축복의 교묘한 결합을 통해 자본주의 체제의 구성원들에게 탐욕을 불러일으키는 데 탁월한 역량을 보였다. 한마디로, 식민지 제국주의와 독재의 억압과 착취에 오랫동안 길들여진 사람들에게 교회는 자본주의에 빠르게 적응할 수 있는 정신과 신체의 아비투스(무의식적 성향)를 학습시키는 가장 큰 장(場)이 되었음을 부인하기 힘들다.

물론, 이러한 한국교회 상황을 두고 막스 베버가 1900년대 초에 발표한 《프로테스탄트 윤리와 자본주의 정신》에서 주장했던 것이 현실에 적용된 '바로 그 예시'라고 성급히 단언해서는 안 된다. 한국교회가 자본주의에 적합한 구성원으로서 근면과 성실, 절약 등의 태도를 교인들에게 학습시키는 데 일조했지만, 그러한 학습이 베버가 말한 경영인으로서의 합리적 정신이나 노동자로서의 소명의식과 일치한다고 단정하기 힘들다.

베버에 의하면, 청교도들은 금욕적인 자기 통제와 선행 수행을 위해 이웃에게 부(富)를 베풂으로써 구원의 확신을

250

얻을 수 있다고 이해했다. 그러나 적지 않은 한국 기독교인들은 부를 자신과 가족을 위한 현세의 '축복'이자 '은혜'로 여긴다. 그리하여 교인 개인으로서는 부의 무한 축적과 가족 상속이, 교회로서는 교인 수 증가와 교회 재산 증식이 존재 방식이자 목적이 되어버렸다. 이러한 상황에서 교회는 물질적 성장을 멈추고 '탈성장'의 방식으로 교인 및 공동체의 역량을 스스로 비워내는 일을 상상하거나 실천하기 어려운 장이 되었다.

그리스도교 전통의 창조-종말 신앙의 한계

두 번째로, 그리스도교 신앙이 기후위기에 무능한 까닭은 지구 생태계에 대해 특정 관념을 제공하는 그리스도교 전통의 창조신앙과 종말신앙 때문이다. 신학자 신익상은 전통 교리로서 창조와 타락 교리가 일반적으로 창조세계 '보존'이라는 개념과 연동되는데, 이것은 '창조(form)-타락(deform)-구속(reform)-완성(transform)'이라는 일련의 순환구조를 만들어 최후의 완성(transform)이 창조 때의 원형(form)을 보존하는 원형 회귀에 묶인다는 사실을 비판적으로 강조한다.* 창조세계 보존 개념을 고수하는 전통 교리와 신학의 한계는 오늘날 우리가 맞닥트린 기후위기, 더 정확히 말해 기후 재앙에 있어 단순히 '청지기 윤리'로는 충분하지 않기 때문만이 아니다.

더 본질적인 문제는 창조세계 보존에 근거한 그리스도교의 오랜 자연관이 결국 환경문제에 적극 대응하고 있는 현대 과학과 생태학이 전제하는 "전일론적이고 진화론적 생태적 세계관"과** 유리되었다는 데 있다. 즉 전근대적인 창조과학이나 창조론에 매달리게 함으로써 현대 그리스도인들의 문명사적 지체(遲滯)를 초래하고 있다. 이는 결과적으로 기후 재앙이 하나님의 구속사의 일부라는 식으로 안일하게 받아들이도록 하는 무책임을 양산한다. 마땅히 행해야 할 주체적 결단과 행동을 지연하거나 무의미한 일로 만드는 결과를 낳는다.

기후 재앙과 관련하여 그리스도교 전통의 창조-종말 신앙의 한계는 고대 서구 헬레니즘과 결합하는 과정에서 자리 잡은 이원론적 세계관과도 관련이 깊다. 《인류세》

---

* 이정배 외, "기후 위기 시대의 생태신학"(신익상), 《기후 위기, 한국교회에 묻는다》, 동연, 2019, 96쪽.
** 이정배 외, 앞의 책, 94쪽.

기독시민교양을 위한 나눔 윤리학

(*Anthropocene*)의 저자 클라이브 해밀턴(Clive Hamilton)의 비판처럼 신앙 좋은 그리스도인 중에는 "나는 기후 변화에 관심이 없다. 나는 천국에 있을 것이다"라며 지상에서의 삶을 폄하하는 이들이 적지 않다.* 이들에게 이 땅에 이미 왔으며, 온전히 완성될 것으로 '우리 안에 있다'고 선포된 하나님 나라는 언제나 '사후 세계'라는 제한적인 이미지로 축소된다.

사후 세계로서의 천국 신앙에 대한 집착은 성서가 말하는 구원을 몸과 영의 통전적 존재로 이해시키기보다 생명이 다한 주검에서 분리된 영혼으로 좁혀 생각하는 왜곡된 신앙을 유포했다. 결국 '지구'라는 이 세계는 잠시 거쳐가는 비본질적 세계이자 심지어 멸망이 예언된 악의 세계라는 잘못된 세계관을 초래했다.

문제는 이러한 좁은 이해가 생명과 삶, 그리고 죽음의 연장선에서 펼쳐지는 지구 생태계 속 다양한 주체의 공존 연대기를 발견하는 데 방해가 된다는 사실이다. 이는 결과적으로 인간 문명이 초래한 생태계의 다양한 이웃들의 죽음과 종(種)의 종말에 대해 눈물 한 방울 흘리지 못하는 이기적이

---

* 클라이브 해밀턴, 《인류세 – 거대한 전환 앞에 선 인간과 지구 시스템》, 정서진 옮김, 이상북스, 2018, 249쪽.

생태적 종말에 필요한 윤리: 기후위기가 고지한 집단 죽음

고 어리석은 괴물 그리스도인들을 만들어내고 있다.

성서 고유의 '책임의 해석학'

그렇다면 이 무능력한 신앙 상태에서 벗어나 이제 그리스도인들은 무엇을 해야 하고 또 무엇을 할 수 있을까? 나는 기후 재앙이 몰고 올 파국에 대비하여 '생태적 종말론'에 대한 상상을 기독교 신앙 내부로 더 적극적으로 수용해야 한다고 감히 말하고자 한다. 에스겔서에서 하나님은 바빌론 치하 유대인들에게 그들의 죄가 초래한 재앙에 대해 예언자의 입을 통해 다음과 같이 말씀하신다.

> 주께서 나에게 말씀하셨다. "사람아, 너는 유다 땅에 이렇게 말하여라. '유다 땅아, 너는 진노의 날에 더러움을 벗지 못한 땅이요, 비를 얻지 못한 땅이다. 그 가운데 있는 예언자들은 음모를 꾸미며, 마치 먹이를 뜯는 사자처럼 으르렁댄다. 그들이 생명을 죽이며, 재산과 보화를 탈취하며, 그 안에 과부들이 많아지게 하였다. …… 그 가운데 있는 지도자들도 먹이를 뜯는 이리 떼와 같아서, 불의한 이득을

기독시민교양을 위한 나눔 윤리학

얻으려고 사람을 죽이고, 생명을 파멸시켰다. 그런데도 그 땅의 예언자들은 그들의 죄악을 회칠하여 덮어주며, 속임수로 환상을 보았다고 하며, 그들에게 거짓으로 점을 쳐주며, 내가 말하지 않았는데도 나 주 하나님이 한 말이라고 하면서 전한다. 이 땅의 백성은, 폭력을 휘두르고 강탈을 일삼는다. 그들은 가난하고 못사는 사람들을 압제하며 나그네를 부당하게 학대하였다. 나는 그들 가운데서 한 사람이라도 이 땅을 지키려고 성벽을 쌓고, 무너진 성벽의 틈에 서서, 내가 이 땅을 멸망시키지 못하게 막는 사람이 있는가 찾아 보았으나, 나는 찾지 못하였다. …… 나 주 하나님의 말이다.'"(겔 22:23-31, 새번역)

타락한 예루살렘과 유대에 대한 저주의 말씀을 약 2,500년이라는 시공간을 무시하고 기후 재앙에 대한 예언으로 해석하는 것은 다분히 과한 면이 있다. 그러한 한계에도 불구하고, 우리가 이 말씀을 통해 배워야 하는 것은 땅이 불타다 못해 녹아내리는 재앙 속에서 가난한 이들과 이웃 동물들에 대한 권력자들의 폭력과 압제, 착취를 읽어내는, 자연 재앙에 대한 성서 고유의 '책임의 해석학'이다. 에스겔서는 이 책임의 해석학을 읽어낼 수 있는 이를 "그 땅에 칼이 임함

생태적 종말에 필요한 윤리: 기후위기가 고지한 집단 죽음

을 보고 나팔을 불어 백성에게 경고"(겔 33:3)하는 파수꾼이라 부른다.

파수꾼은 무엇을 해야 하는가? 그는 지옥의 현장에서 의인을 골라 천국으로 구해내는 수확군이 결코 아니다. 그의 일은 명백하다. "악인에게 말하기를 너는 죽으리라. ……그가 돌이켜 자기의 죄에서 떠나서 정의와 공의로 행하여 저당물을 도로 주며 강탈한 물건을 돌려보내고 생명의 율례를 지켜 행하여 죄악을 범하지 아니하면 그가 반드시 살고 죽지 아니할지라"(겔 33:14-15)라고 말하는 것이라고 성서는 분명히 밝히고 있다.

그렇다면 오늘날 그리스도인들은 기후 재앙을 초래한 '악인들'의 불의가 무엇인지 자문하는 데서 출발하여야 한다. 경제개발을 내세우며 농토를 뒤집고 산야를 파헤치며 도로를 뚫고 공장을 세우고 도시를 건설하여 쓰레기와 폐수와 매연을 내뿜었다. 땅을 빼앗긴 자들과 이웃 피조물의 생명권을 위협했으며, 생명의 율례를 지키지 않는 죄를 반복해서 저질러왔다. 21세기 파수꾼으로 부름받은 그리스도인의 소명은 이러한 일들을 겸허하게 '우리의 죄'로 고백하는데서 시작할 수밖에 없다.

그러나 파수꾼의 소명은 단지 악인의 죄를 폭로하고 고

발하는 데서 끝이 아니다. 파수꾼은 생명권이 훼손된 존재들에게 본연의 권리를 찾아주는 일에 적극 나서야 한다. 기후 재앙으로 조상에게 물려받은 삶의 터전이 바다에 잠기거나 사막으로 변하거나, 학살과 전쟁, 기근의 현장으로 변한 이들에게 세계가, 아니 우리나라부터 먼저 이웃 사랑의 환대와 나눔 윤리를 확산시키는 파수꾼으로서 온 힘을 다해야 한다. 이러한 관점에서 기후 재앙에 취약한 지역 중 상당수가 이산화탄소 배출 책임이 거의 없는 적도와 남반부 지역, 특히 이슬람교 국가들이 밀집된 곳이라는 사실에 무지한 채, 이슬람교 난민들을 반기독교 적대 세력으로 규정하는 일부 기독교 정치세력과는 단호하게 절연해야 한다.

놀랍게도 에스겔서는 재앙을 예언한 뒤 새로운 이스라엘의 회복을 언급하며, 예언자에게 성전을 둘러싸고 흐르는, 민족이 마실 물을 측량하고 그 강물에 다시 번성하게 될 생물들, 강가의 각종 과실나무들을 미리 보여주었다. 특히 에스겔서는 하나님이 이스라엘 열두 지파에게 거룩한 땅의 몫으로 다시 나누어줄 경계를 예언자에게 알려주는 장면으로 마무리된다. 이때 "너희 가운데에 머물러 사는 타국인"(겔 47:22-23)도 이스라엘 족속과 같이 여겨 그들에게 땅을 기업으로 받을 수 있도록 명령했다는 점이 눈에 띈다.

생태적 종말에 필요한 윤리: 기후위기가 고지한 집단 죽음

이방인에게도 내국인처럼 땅을 몫으로, 기업으로 나누라는 명령은 '땅 나누기'가 이웃 사랑에서 비롯되는 '나눔의 윤리'이기 이전에 피조물의 동등한 생명 권리에서 비롯되는 '나누기의 정의'에서 시작되고 있음을 보여준다. 파수꾼들이 이웃을 사랑하고 환대하는 선한 마음뿐 아니라, 이웃이 당하는 불의에 함께 아파하고 분노하는 정의로운 마음을 가져야 하는 이유가 여기에 있다.

교회와 신학교의 중심이 되어야 할 생태신학

한편, 파수꾼의 임무는 단순히 개인 영역에서 친환경적 소비를 하고 생활 습관들을 고쳐가는 것에 그쳐서는 안 된다. 이미 개인들의 의식을 깨워 실천으로 끌어내기에는 늦어버렸다. 탈성장 중심의 에너지 정책과 시장 개혁, 그로 인해 발생하게 될 부의 재분배 구조의 정비, 앞서 나가는 산업국가와 비산업국가 간의 부와 안전 격차 해결을 위한 국제정치 개혁 등, 국가 단위에서 거시적으로 신속히 바꿔내야 할 것들이 많다. 파수꾼들은 이러한 일이 민주주의 국가에서 시민 주도의 변화로 일어날 수 있도록, 생태정치의 감수성과 지식, 정치 참여 역량을 갖추어야 한다.

그러나 생태정치로 허락된 시간은 기껏해야 10-20년이다. 그 이후로는 다시 기회가 없다. 그렇기에 교회는 천국으로 인도하는 예배나 기도회, 부흥회나 성경공부 등에서 눈을 돌려, 인류에게 고지된 죽음의 예고에 '마지막 때'라는 생태적 종말신앙을 적극 공유하고 생태정치에 그리스도인의 관심이 모이도록 노력해야 한다. 그렇지 않다가는 천국입구에서 "네 이웃 동물들이 말살될 때 너는 무엇을 하였는가?" 하고 심문당할 것이며, 운이 좋아 천국에 들어간다 해도 "네가 무엇을 하였기에(혹은 하지 않았기에) 네 손주가 고통속에서 이토록 울부짖는가?" 하고 심판대로 재소환될 것이 뻔하다. 고지된 집단 죽음 앞에서 낭비와 착취, 억압 문화에 대한 우리의 불의와 책임을 해석하는 생태신학이 교회와 신학교의 중심이 되어야 한다. 그렇지 않고서는 우리 모두 종말이다.

14 _____

교회의 임무 1:
정의로운 나누기 행정

교회의 존재 이유: 타자를 위한 책임

독일 신학자 디트리히 본회퍼(Dietrich Bonhoeffer)의 말처럼 교회는 근본적으로 '타자를 위한 존재'(Dasein für andere)일 수밖에 없다. 그는 그런 존재가 되기 위해서 교회는 "네 소유를 팔아 가난한 자들에게 주라"(마 19:21)는 예수의 명령을 따라야 한다고 했다. 모든 것을 타자를 위해 내어주는 교회일 때만이 '교회'라는 거룩한 공동체의 이름으로 불릴 자격이 주어진다고 믿은 것이다.

그러나 타자는 하나의 얼굴, 하나의 집단, 하나의 상황으로 통일될 수 없는 '다수'로 존재한다. 그러다보니 교회가 '위해야 할' 타자의 자리는 예수가 함께했던 이웃(과부, 아이,

260

병자, 장애인, 성매매 여성, 세리, 이방인, 갈릴리 지역 농민 등)과는 전혀 상관없는 엉뚱한 이들에게 도둑맞기 쉽다. 특히 독일어 'für'라는 전치사가 '~을 위하여' 말고도 '~편에'라는 의미를 지시한다는 점도 염두에 둘 때, 교회는 로마제국 황제 콘스탄티누스의 개종 이후부터 이미 정치권력이나 종교권력 '편에 서서' 지배 체제의 질서를 유지하고 자신의 사명을 날조하여 스스로를 기만하는 어두운 역사를 써왔음을 기억해야 한다.

그러나 다행스럽게도 교회가 편들어야 할 타자 자리를 함부로 강탈하거나 강탈을 방관하는 관습에 저항하는 개혁 운동이 매번 교회를 갱생해왔다. 이러한 일은 성서를 문자 그대로 읽지 않고, 동시대가 처한 상황에 따라 해석하며 새롭게 교회가 보살피고 보듬어야 할 타자들을 발견하고 환대하는 것을 멈추지 않는 데서 이뤄졌다.

20세기 신학에 조금이라도 관심 있는 그리스도인이라면 본회퍼가 감옥에 갇혀 사형당하기까지 '위하고자 했던' 타자가 단순히 빈곤한 자들이 아니라, 2차 세계대전 속에서 학살당한 반인륜적 범죄의 피해자들이었다는 사실을 모르는 이는 없을 것이다. 그리스도교의 이웃 사랑 측면에서 보았을 때 교회는 시대와 사회의 특수성 속에서 배제와 차별의 대상인 타자들의 존재를 인지하고 그들을 '위하는' 구체적인 디아코니아 실천뿐 아니라 사회구조를 변혁하는 새로운 정치적 행동에도 참여해왔다.

하지만 교회의 존재성을 타자를 위한 책임으로만 설명하는 것은, 궁극적으로는 명백하게 정당하지만, 현실적으로 많은 부작용을 초래한다. 어떠한 부작용인지 논하려면 먼저 설명이 필요하다. 교회가 타자를 위할 때 비로소 참된 교회로서 존재할 수 있다면, 누군가를 '편들어야 하는 타자'로 교회가 의식하는 그 순간 '타자'라는 항(項) 반대편에 있는 '주체'라는 항으로 자신을 정체화하고 있음을 인정해야한다. 물론 본회퍼는 타자를 위하는 일에 책임 지는 교회를 두고 '주체'라고 부르지는 않았다. 주체라는 말 자체가 서양전통 철학을 오랫동안 장악하고 있는 자아 중심적 존재론과 관념론에 의해 오염되어왔기 때문이다. 이렇게 오염된 주체라는 말로는 다른 사람을 주체인 나와 전혀 다를 것 없는 존재로 동일시하거나, 혹은 타자의 고유성을 무시하고 마치 도구처럼 함부로 대상화하기 쉽다.

그래서 본회퍼는 교회가 타자를 위해야 한다고 말하면서도, 타자를 위하는 교회를 두고 주체라고 우쭐대는 자의식 과잉을 보이지 않았다. 주체와 객체로 나뉘는 위계적 체

기독시민교양을 위한 나눔 윤리학

제에 대한 거부에도, 본회퍼는 타자를 '위하는' 책임에 대해 그것이 하나님과 인간을 섬기기로 선택한 자유이자 타자와의 관계 속에 자신을 속박하는 복종의 자유라는 모순된 논리를 펼친다. 타자에 대한 책임 의무를 강조하면서도 주체를 정의하는 데에 핵심적인 '자유' 개념을 포기할 수 없었던 것이다.

순종으로 자유 개념을 설명한 본회퍼

사실 '순종' 개념에 익숙한 그리스도인 대부분은 본회퍼의 논리를 두고 모순적이라는 지적을 받아들이기가 쉽지는 않을 것이다. 그러나 분명히 논리적으로 모순이다. 타자를 위하는 것은 교회를 교회답게 하는 그리스도인의 사명으로서 거부할 수 없는 명령이고 의무로 규정되어 있는데, 거기에 만에 하나라도 명령을 어기고 의무를 위반할 가능성을 전제하는 자유 개념을 연결하는 순종 개념은 결국 자유 본연의 개념을 근본적으로 전복한다. 본회퍼에게 자유는 내 것을 우선 지키는 자기중심의 선택이 아니라, 보살핌과 돌봄이 필요한 타자를 위해 나의 모든 것을 버릴 수 있는 타자 중심

263

의 선택으로만 실현된다. 내 몸, 내 물건, 내 생각, 내 감정의 배타적 소유권으로부터 자유가 보장된다고 믿는 근현대 개인들의 자유주의적 자유 개념과 완벽하게 대치될 수밖에 없다.

물론 여기서 질문할 수 있다. 본회퍼가 설명하는 타자에게 복종하는 자유 개념이 육체적 본능에 굴복하지 않고 이성에 따라 도덕을 자율적으로 선택할 수 있다고 주장했던 철학자 임마누엘 칸트의 자유 개념과 무엇이 다르냐고 말이다. 결과에서 둘은 거의 차이가 없을 것이다. 굶주리는 타자에게 본회퍼도, 칸트도 모두 자기가 가진 음식을 나누어주는 자유를 누릴 것이다.

그러나 '주체'라는 말을 쓰지 않으면서 자유 개념을 설명하고자 했던 본회퍼와 주체라는 말을 설명하기 위해 자유 개념을 설명했던 칸트 사이에는 중요한 차이가 있다. 칸트의 자유 개념은 음식의 원천적 소유권은 음식을 나누어주는 사람에게 귀속되어 있다는 선행 사실에서 출발하지만, 본회퍼의 자유 개념은 음식의 원천적 소유권이 원래부터 창조주에게 귀속되어 있었고 자신의 소유권은 임시적이고 제한적일 수밖에 없다는 신앙고백에 기초하고 있다.

칸트에게 나눔이란 내 것을 남에게 나누어주며 빚을 내

주는 행위지만, 본회퍼에게는 원래 내 것이 아닌 것을 때가 되어 남에게 되돌려주는 빚 갚는 행위인 셈이다. 전자의 논리에서 나눔은 선의의 공덕이 나에게 있고 그래서 스스로를 주체라고 선언하기에 마땅하지만, 후자의 논리에서는 나눔이 사랑의 은혜를 갚음이 되고 그래서 주체라는 말은 언제나 '먼저 나를 사랑한 이'나 '그래서 내가 사랑한 이'에게로 대신 미뤄지는, '타자'를 위한 존칭이 된다. 한마디로 교회는 나눔 행위를 통해 타자를 '위하는' 주체로서 자기 존재를 확인하는 것이 아니라, 타자에게 은혜를 대신 갚음으로 예수 그리스도의 모범을 따르는 제자 공동체로 세워지는 것이다.

교회가 타자를 위해 비우는 헌신이 어려운 이유

교회는 타자를 위한 존재로서 죽음의 십자가에 이르기까지 스스로 낮추신 예수 그리스도를 따라 가장 급진적인 나눔을 실천해야 한다. "가이사의 것은 가이사에게, 하나님의 것은 하나님께 바치라"(마 22:21)는 예수의 말씀을 따라, 교회와 그리스도인들은 원천적으로 하나님께 속해 있는 것들을 가려내 타자들의 필요를 충족하는 헌신을 보여야 한다. 그러한 헌신을 조직으로 묶는 일을 감당하는 교회야말로 교회다움을 충족할 수 있다.

하지만 이 기준에서 볼 때 우리가 아는 많은 교회들이 교회다운 길로 나아가지 못하고 있다. 많은 경우 교회 재정을 화려한 예배당과 부동산을 소유하고 유지하는 데 사용하였다. 교권 세력 유지를 위해서도 재정이 낭비되었다. 교회가 그나마 위하던 타자들 역시 선교 목적에 부합하는 이들로 제한되기 일쑤였다. 성도들이 하나님의 것으로 구분하여 교회에 바친 것을 타자들을 위해 사용하지 못하고 교회 자체를 위해 사용해왔다. 그리하여 "교회는 모든 재산을 팔아 가난한 사람에게 나누어주어야 한다"는 주장은, 교회의 개혁을 이뤄내기보다 교회가 '세계 내 존재성'을 스스로 부인하는 위선적 집단임을 드러내는 비관적 자기 고백이 되기 쉬웠다.

왜 이렇게 된 것인가? 성도들이 하나님의 것을 교회에 내놓으면 교회가 그것들을 모아 보살핌이 필요한 타자를 위해 사용하면 된다. 하지만 그렇게 못한 데에는 두 가지 이유가 있다. 첫 번째 이유는 성도의 타락과 관련 있다. 두 번째 이유는 지상의 나라에 존재하는 교회의 불가피한 현실성과 관련 있다.

성도의 타락은 현재 많은 한국교회가 직면하고 있는 교회 재정의 부패를 의미한다. 하나님의 이름으로 재물을 거두었으나 전 교인의 승인과 감사(監事) 없이 사적으로 착복하거나 교회 자산으로 축적하는 데에만 매몰된 교권 세력이 존재한다. 그 주축인 담임목사나 장로들은 공동체의 지도자 자리를 차지하고 있지만, 이미 교회 재물에 대한 그들의 소유 의식은 신성모독 수준에 이른다. 분노하시는 하나님을 두려워하지 않는 실제적 무신론자이거나 하나님과 자신을 혼연일체로 인지하는 무속인의 행태를 보이고 있다. 불행 중 다행스럽게도 이 원인과 관련해서는 옳고 그름의 판단이 명확하기 때문에 재정 부패를 저지르는 이들의 죄를 최소한 하늘 법정에서는 규명하기 어렵지 않을 것이다. 다만 그날이 올 때까지 그들은 그 자리를 차지하고 앉아 죄를 더할 뿐이다. 심판의 길로 자기 스스로 재촉한다.

그러나 지상 교회가 처한 현실성과 관련된 두 번째 이유는 완전히 다른 성격의 문제다. 기독교 윤리가 타자를 위한 교회 헌신을 가르치는 윤리라는 점은 재차 강조해도 지나치지 않다. 완전한 하나님 나라 임재 때까지 교회 공동체가 '에클레시아'라는 지상 조직을 유지하고 미래 세대를 예비하려면, 적절한 물질 기반과 조직을 위해 일할 전문적인 사람이 필요하다. 즉 타자를 위한 사명을 감당할 교회 공동체를 지탱하기 위해 최소한의 몫이 여전히 교회 안에 필요할 수밖에 없다. 물론 오늘날 예배당 없는 교회나 자비량 혹은 이중직 담임목회자가 일하는 교회, 심지어 목회자 없는 평신도 교회와 같이 교회 몫을 하나도 남기지 않으려는 급진적인 형태의 교회들이 없지 않지만, 그러한 교회 공동체의 지속가능성은 여전히 시험 중에 있다.

이러한 현실적 문제는 초대교회에서도 마찬가지였다. 신약학자 리처드 B. 헤이스(Richard Bevan Hays)는 신약성서 본문에서 경제적 나눔과 관련하여 "단순하거나 획일적인 규정을 도출할 수 없다"는 사실을 강조하였다.* 가진 것을 이웃에게 나누라는 급진적 명령이 예수의 말씀에서도, 초대교회 이야기를 증언한 사도행전(행 4:32-37)에서도 분명히 나타나는데, 헤이스는 예수의 제자들과 초대교회 교인들의 삶에서 급진적 나눔의 가르침은 '교회를 향한 도전'으로서 의미가 있었다고 보았다.

---

* 리처드 헤이스, 《신약의 윤리적 비전》, 유승원 옮김, IVP, 2002, 705쪽.

기독시민교양을 위한 나눔 윤리학

부정의하고 비합리적인 교회 재원의 분배

교회는 타자를 위한 존재가 되기 위해 가진 것을 끊임없이 비워내도록 도전받는다. 그러나 나눔 실천을 위해서라도 교회는 교회의 존재를 지탱할 최소한의 몫이 필요하다. 이는 지상의 조직체라는 형태를 적어도 마지막 날까지는 완전히 벗어날 수 없는 현실 교회의 숙명이다.

그러한 숙명을 참작한다면 교회의 소유를 전부 이웃에게 되돌려주는 '나눔 실천' 이전에 '나누기 행정'이 필요할 수밖에 없다. 전자의 원리가 교회 본질인 사랑에서 나온 것이라면, 후자는 교회의 현실이 기초해야 할 정의에서 나온다. 물론 본질이 현실보다 당연히 더 중요하다. 그렇다고 해서 현실적인 문제들을 비본질적이라고 치부해서도 안 된다. 정의 관점에서 현실의 문제들을 조율할 수 있음에도 비본질적이라며 함부로 취급한다면, 결국 현실의 문제들을 가늠하는 정의의 원리도 함께 무시된다. 정의가 무시되는 집단에서는 사랑의 원리가 불의를 덮거나 쉽게 용서하는 근거로 도용되기 쉽다. 특히 사랑의 권위를 독점한 교회의 가부장적 지도자들에 의해 불한 재정 운영이 은폐되기도 쉽다.

나누기 행정이 정의롭게 지켜지지 않은 교회의 나눔 실

천은 사랑의 원리를 어떻게 오용하는가? 나누기 행정은 제한된 재원을 적절하게 분배하는 일이다. 교회가 함께 모여 예배하고 교육하려면 적절한 물질이 필요하고, 성도들 간 교제와 돌봄이 잘 되도록 하기 위해서도 재정이 필요하다. 이러한 조직을 유지하기 위해서는 이 일을 전문적으로 해낼 목회자뿐 아니라 여타 전문가와 보조자도 필요하다. 나누기 행정은 이러한 항목들에 교회 재정을 어떻게 바르게 나누는지에 달렸다.

정의의 원리를 사랑의 원리로 압도해버리는 많은 교회에서는 재원 분배가 비합리적이거나 폐쇄적인 의사결정 구조하에서 일어나기 때문에 결과적으로 분배에 차별이 발생한다. 예배하고 교육하기 위해 적절한 장소를 갖추는 일은 중요하지만, 물리적 공간은 부동산 시장을 통해 매매나 임대 가격이 형성되어 있으며, 인테리어를 위한 비용 또한 필요하다. 그래서 교회가 공간을 마련하는 과정에서 시장 논리가 침투하여 누군가에게 이득이 몰릴 위험이 있다. 특히 그 이득은 교회 의사결정 구조를 독점한 자들에게 교회와 세상에서 확보할 수 있는 권력을 제공하기에 이른다.

이러한 배경 아래 한국교회에서 일어나는 대형교회의 목회세습은 근본적으로 교회 재정을 정당하게 분배해야 할 나누기 행정을 방해한다. 지상 조직체로서 교회가 지닌 물리적 기반과 재정은 합리적이고 민주적인 의사결정을 통해 공개되고 분배되어야 하지만, 목회세습은 교회를 세금 한 푼 없이도 증여 가능한 사적 재산이나 기업체로 변질시켰다. 그러나 놀랍게도 세습에 성공한 교회들에 속한 성도 다수는 그러한 행위에 분노하지 않을뿐더러 오히려 지지하기도 한다. 갈등을 초래하는 정의보다는 조용하고 평화로운 사랑이 교회 본질에 가깝다고 여기기 때문이다. 그들에게는 목회를 세습한 담임목사가 가부장처럼 높이 떠받들어지며, 어떤 실수를 해도 사랑으로 덮어주어야 할 교회의 실질적 주인이자 주체로 존재한다.

'헌신페이'를 요구받는 교회 내 하위주체들

이러한 구조 속에서 나누기 행정은 교회의 실질적 주인이자 주체인 이를 제외하고, 교회에서 전문적으로 일하는 나머지 사람들에게 부당하고 차별적인 분배를 하는 것으로 귀결된다. 기독교윤리실천운동이 주최한 "한국교회 부교역자를 생각하다―2015 교회의 사회적 책임 심포지엄"에서 발행한 자료에 따르면, 설문에 참여한 949명(남 860명, 여 89명)의 개신교 부교역자와 동일 교회에 소속된 담임목사의 공개된 사례비 평균이 395만 원인 것에 비해 부교역자들 사례비는 전임 목사(부목사)가 204만 원, 전임 전도사가 148만 원에 불과하였다. 더 심각한 점은, 같은 부교역자라고 해도 남성 부교역자 사례비 전체 평균이 163만 원(일 평균 10.9시간 근무)인 것에 비해 여성 부교역자 사례비 전체 평균은 104만 원(일 평균 10.2시간 근무)에 불과하였다는 사실이다.*

통계에 응답한 부교역자 중 17퍼센트가 담임목회자 사례비를 모른다고 답했고 일부 대형교회 담임목회자의 재정 전용 문제가 은밀하게 일어나고 있음을 고려할 때, 인용한 통계가 현실을 완전하게 드러낸다고 할 수는 없다. 그래도 두 가지 사실은 분명하다. 교역자가 되기 위해 밟아온 교육 기간에 비해 부교역자들의 수입이 상당히 부족하여 한 가정의 생계를 이끌기에 충분치 않다는 점이다. 또한 성별 간 사례비 차이는 여성 안수 금지나 여성 목회자 차별 등이 여전히 공고한 한국교회 현실을 그대로 반영할 뿐 아니라, 근본적

---

* 기독교윤리실천운동, 〈한국교회 부교역자를 생각하다—2015 교회의 사회적 책임 심포지엄〉, 2015.

기독시민교양을 위한 나눔 윤리학

으로 교회의 나누기 행정 자체가 성차별적 구조 안에서 이루어지고 있음을 보여준다.

불합리할 뿐만 아니라 정의롭지도 못한 나누기 행정이 이토록 오랫동안 용인되는 것은 목회 활동이 기업 노동자의 노동과 같을 수는 없다고 여기는 강력한 교회 문화 때문이다. 교역자에게 지급되는 돈은 분명 임금의 양태를 띠고 있지만, 임금이라 하지 않고 '사례비'로 지칭된다. 교역자의 목회 활동은 임금으로 계산되어 보상해야 하는 노동이 아니라, 하나님을 사랑하여 대가를 바라지 않고 헌신하는 자발적 봉사에 머물러야 하며, 교회 공동체는 그 마음을 귀히여겨 '사례'하는 일이 마땅하다고 본다. 이러한 구조에서 재정 전권이 담임목회자에게 주어져 있는 교회에서 담임목회자 사례비는 과도하게, 부교역자들 사례비는 과소하게 책정된다.

목회 활동이 여타 노동과 같은지 다른지는 신학적으로 더 깊이 따져봐야 한다. 그러나 목회 활동이 일반 노동자의 노동과 같을 수 없다는 주장에 수긍한다고 해도, 현재 일어나고 있는 부교역자나 교회 행정과 기술직 직원들에 대한 열악한 대우에는 여전히 비판적 질문을 던질 수밖에 없다. 교회의 나누기 행정이 교회에서 일하는 사람과 그 가족의

273

생계가 유지될 만큼 충분히 이루어지고 있는지 말이다.

마지막 날까지 교회만 지상에 거주하는 조직체가 아니다. 가족도 마지막까지 지상에 거주하는 또 다른 조직체이며, 그렇기에 지상의 교회처럼 지상의 가족도 최소한의 물질적 기반이 필요하다. 그러나 오늘날 많은 교회의 나누기 행정은 부교역자와 교회 직원에게 '열정페이', 정확히 말해 '헌신페이'를 요구하는 데 전혀 부당함을 느끼지 않는다. 사랑이 모든 것을 이긴다는 낭만적 신앙으로 교회 내 '하위주체들'(subalterns)의 입을 막고 있기 때문이다. 교회는 세상과 달라야 한다는 말이 '교회는 세상의 기업보다 더 나쁜 방식으로 존재해도 용서된다'는 말로 잘못 받아들여지는 듯하다. 세상 맘몬보다 교회 맘몬이 더 악독하다 해도 과언이 아니다.

각자의 포도나무에 붙은 가지만 돌보는 한국교회

'비전교회'라고 불리는 미자립 교회 담임목회자들의 비참한 상황은 굳이 통계자료를 대지 않아도 명백한 현실이다. 우리나라 대부분의 개신교 교단에서는 총회장이 되겠다고 첨예하게 갈등하며 파벌을 형성하는 일이 다반사지만, 교단 내 미자립 교회 담임목회자들의 생존에는 제대로 된 조치를 취하지 않는다. 대형교회 재정은 주로 개별 교회를 운영하는 데 한정되며, 교단 내 미자립 교회는 교회의 나눔(연보)의 대상일 수는 있어도 나누기 행정에서 정당한 권리를 지닌 조직의 일부로 여겨지지 않는다. 분명히 예수는 자신을 '포도나무'라 부르고 그의 제자 모두를 '가지'라고 했는데, 오늘날 교회는 각자 농원에서 각자의 포도나무를 키우며 그 나무에 붙은 가지만 챙기고 있다. 이러한 상황에서 우리 모두가 가슴 아프게 인정해야만 하는 사실이 있다. 한국교회가 수많은 미자립 교회를 공교회로서의 단일성과 공통성 관점에서 보살피지 않고, 교회 시장이라는 거대한 경쟁 구조에 뛰어든 개별 사업체로 대하고 있다는 점이다.

어떻게 이러한 일이 가능한가? 한국교회가 사랑에 기초한 나눔 실천을 내세워 세계 선교와 봉사에 열성을 보이는 듯하지만, 실제로 나누기 행정 면에서는 차별적이고 비합리적일 뿐 아니라 심지어 정직하지도 않은 불의한 분배를 자행하는 것이 근본 원인이다. 개 교회와 교단 내부의 하위주체들이 부당한 대우에 항의하거나 정부가 교회에 조세를 부과하려 할 때마다, 많은 교회 지도자들은 교회는 일터가 아

275

니고 목회자는 장사치가 아니라고 항변해왔다.

그러나 사실 그렇게 말하는 많은 교회가 그 어떤 일터보다도, 그 어떤 장사치보다도 맘몬의 포악한 논리를 좇아왔다. 목회자들 간의 심각한 사례비 격차를 정당화하는 문화에는 자본주의의 핵심인 능력주의가 굳건하게 자리 잡고 있으며, 폐쇄적인 재정 구조는 교회가 자본주의의 기본 덕목인 정직성에도 미치지 못하는 비도덕적 상태임을 의미한다. 이처럼 나누기 행정 자체가 불의한 상황에서 교회의 나눔 실천은 사랑을 가장한 위선이며, 불의를 감추기 위한 위장일 확률이 크다.

교회의 임무 2:

15 ——————— 나눔의 원칙을 끊임없이 위반하라

'가난은 나라님도 구제하지 못한다'라는 말은 이제 더 이상 변명으로 쓸 수 없게 되었다. 대한민국은 '나라님', 즉 임금이 통치하는 군주국도 아닐뿐더러, 모든 국민이 인간다운 생활을 할 권리를 갖도록 사회보장과 사회복지 증진을 위해 노력할 의무를 헌법상 국가 본연의 임무로 규정한 나라이기 때문이다(헌법 제34조 2항). 국가 조직과 재정이 미비하던 시절 헌법상 의무는 그저 꿈같은 이상에 불과했다.

그러나 2021년 유엔무역개발회의(UNCTAD)로부터 한국이 선진국이라 불리게 된 오늘날, 모든 국민을 위한 사회보장과 사회복지를 더욱 적극적으로 담당하는 것은 정부의 당면 과제가 되었다. 국가가 모든 국민을 돌보는 시대로 진입한 셈이다. 개인이나 일개 구호단체와는 비교할 수 없을 만

큼 막대한 재정과 인력을 갖춘 국가가 신체적 경제적 자립이 어려운 사람들을 보호할 수 있는 사회안전망과 복지제도를 만들 책임이 있다니 얼마나 다행인가!

그런데 이상하게도 묘한 반발과 저항이 일부 교회와 그리스도인들 사이에서 나타난다. 국가가 가난했던 시절, 교회는 어려운 이들에게 돌봄의 손을 내밀며 '타자를 위한 존재'로서 제 임무에 충실했다고 자부했는데, 이제 그 역할을 국가에 뺏긴 것처럼 느껴지기 때문이다.

그러나 반발과 저항 이면에 역할 상실로 인한 무기력만 있는 게 아니다. 지상의 존재로서 인간 본질상 정치적일 수밖에 없는 그리스도인들도 한 국가 내부에서 특정 이념을 공유하며 하나의 정치세력이 된다. 국민의 안전과 복지를 위한 현대 국가의 적극적 책임에 반발하는 그리스도인들은 기본적으로 국가의 조세 행위가 개인 또는 법인의 자유를 침범하는 것이라고 전제하는 정치 이념을 공유한다. 이들은 국가 기능을 국방과 치안 같은 최소의 의무로 한정 짓는 자유주의 국가관을 성서의 국가관으로 여긴다. 사회주의 국가관과 마찬가지로 자유주의 국가관도 성서 시대와 최소 2천년 넘는 격차가 있는 현대 이념에 불과한데도 말이다.

선의를 펼칠 도구로 이용되는 타인의 취약성

자유주의 국가관을 신념으로 받아들인 그리스도인들은 돌봄이 필요한 처지의 원인을 주로 개인과 가족의 취약성에서 찾는다. 물론 이들은 그 상황을 방관하지 않고 제 사비와 시간, 재능을 나누는 선행에 적극 참여한다. 그러나 나눔은 어디까지나 몫을 나눠주는 이의 '선한 의지'에 달려있다고 생각한다. '내 몫'이 '타인의 몫'이 되는 일 자체에 선이 있다고 보지 않고 그러한 일이 일어나도록 만드는 개인의 신앙결단에 선이 있다고 본다.

이러한 관점에서는 사회나 국가가 내 몫을 타인과 나눠 갖도록 조정하는 제도에 반감이 커진다. 그러한 제도가 시민들이 자발적으로 선택할 나눔의 기회를 빼앗는 강제적 분배('나누기')라고 여기는 것이다. 물론 사회적 분배제도가 '선한 사회'나 '선한 국가'를 만들어가는 데 도움이 될 수는 있다. 그러나 자유주의 국가관을 가진 그리스도인들에게 사회나 국가 같은 집단은 결코 구원의 대상이 될 수 없다. 구원은 오직 개인에게 주어지는 은혜라고 믿기 때문이다. 그러니 사회나 국가 공동체가 선해지는 일에는 관심이 근본적으로 없다. 나눔이라는 일개 인간의 행동을 일으키는 데에는 특정 국가관뿐 아니라 특정 구원관이 깊이 관련된 것이다.

그런데 자유주의 국가관을 신봉하다보면, 고통을 유발하는 타인의 취약성이 '나의 선의'를 펼칠 기회로 주어지지 않았다는 점이다. 누군가의 고통은 '나의 선의'를 기다리는 일과 상관없이 그 자체로 실재한다. '자유로운 선택'이나 '선한 의지' 같은 지점에 의미를 둘수록, 실재하는 고통으로서 타인의 취약성은 '나의 선한 삶'을 빛나게 하는 도구로 전락하기 쉽다. 오늘날 많은 교회와 그리스도인들이 이웃에게 다양한 나눔으로 헌신하는데도 한국교회를 향한 신뢰가 떨어지는 이유가 이와 관련 있을 것이다. 개인과 교회 단위의 나눔에는 열심이면서도 국가의 제도적 나눔에 방어적 태도를 취하는 모습은, 어려움과 고통에 노출된 이들의 다급한 상황을 우선시하지 않는 것처럼 보인다.

권리를 찾아주는 제도화된 나눔

철학자 폴 리쾨르는 젊은 시절 사회주의 기독교 운동에 참여하며 강제성을 띤 나눔, 즉 '제도화된 자선'이 어떻게 그리스도교의 선(善)으로서 이웃 사랑 실천과 협력할 수 있는지 변증하기 위해 노력했다. 이를 위해 그는 제도화된 자선을 단순히 조세를 통해 실행하는 국가의 사회보장이나 사회보험제도에 한정하지 않는다. 우리말로 '제도'라고 번역되는 '인스티튜션'(institution)은 국가가 정책적으로 시행하는 제도만이 아니라 관습적으로 탄생하는 집단으로서 '조직'이나 '기구' 등을 함께 뜻한다. 따라서 리쾨르는 국가뿐 아니라 관습적 조직인 교회나 민간 자선단체, 심지어 가족까지도 제도화된 자선의 주체로 보았다. 강한 강제성을 띤 법만이 아니라 약한 강제성을 띠고 관습에 의해 실행되는 구성원 간 나눔까지 제도화된 자선의 범위에 넣었다.*

실제로 우리가 선한 의지를 갖고 행하는 대부분의 나눔 행위는 일회성을 벗어나 반복적으로 실천할 때 일정한 의무감과 강제성을 만들어낸다. 처음에 자선단체를 선택하여 누군가를 돕는 일은 선한 의지에서 나온 자유로운 결과이지만, 매달 기부가 반복될수록 기부자 대다수는 그 일에서 쉽게 손을 놓기 어렵다.

처음에는 자유롭게 선택한 자선이 어떻게 의무감과 강제성을 갖도록 만들면서 기부자가 쉽사리 자선을 멈추지 못하

---

* Paul Ricoeur, *Histoire et Vérité*, Le Seuil, 1955, 106.

교회의 임무 2: 나눔의 원칙을 끊임없이 위반하라

도록 하는가? 인류애나 이웃 사랑의 동기로 자유로운 의지를 갖고 실행한 최초의 나눔 행위가 제도 형태로 반복되면 될수록 나누는 사람과 나눔 받는 사람 사이에 보이지 않는 상호 관계가 드러난다. 이러한 상호 관계는 놀랍게도 나누는 사람에게는 앞으로도 계속해서 나눠야 하는 의무를, 나눔을 받는 사람에게는 앞으로도 지속해서 나눠 받을 수 있는 권리를 준다.

"호의가 계속되면 권리인 줄 안다"라며 시혜받는 사람을 조롱하는 영화 대사가 있다. 하지만 호의를 권리로 인식하는 것은 단순히 시혜받는 자의 염치없음이나 몰상식 때문은 아니다. 호의의 지속성은 유무형의 나눔이 계속해서 한쪽에서 다른 쪽으로 이동했다는 사실만을 의미하지는 않는다. 그것은 사람과 사람을 연결함으로써 한 조직의 구성원으로 함께 참여하게 한다. 그러니 처음 호의를 베푸는 일이 아무리 베푸는 자의 자유에 근거했다 하더라도, 호의가 지속해서 베풀어졌다면 이를 함부로 끊는 것은 더 이상 베푸는 자의 자유가 될 수 없다. 이미 그는 베풂을 지속해서 받는 자와 관계 맺고 있고, 관계가 한번 형성되면 상호 의존적일 수밖에 없다.

이러한 관계에서는 최초의 나눔을 행하게 하는 예외 동

기로서 인류애나 이웃 사랑의 가치가, 일상적이고 보편적인 동기인 '정의'라는 가치로 자리 잡는다. 여기서 끝이 아니다. 제도적 나눔이 형성한 이웃 간의 관계를 성실하게 지속하다보면, 그 관계에 진실되게 임하는 사람들일수록 이제까지 너무나도 명확하게 '내 몫'과 '네 몫' 사이의 경계선이라고 믿어왔던 것에 의심이나 부끄러움을 느끼게 된다. 나눔을 행하는 자들의 선의를 나눔 받는 자들이 권리로 착각하는 것이 아니라, 나눔의 행위 자체에서 나눔 받는 자들의 권리가 찾아지기 때문이다.

리쾨르는 교회나 자선기관, 국가 같은 기관이 관습적으로 혹은 법적으로 주관하는 제도적 자선은, 일대일이나 작은 그룹에서 인격으로 맺어지는 "가까운 관계" 내의 직접적인 자선과 달리, 익명의 다수와 공간의 제약 너머 큰 관계망을 만들기에 "먼 관계"로 나눔을 확장한다고 보았다. 특히 먼 관계를 연결하는 제도적 자선은 가까운 관계가 본질적으로 안고 있는 일시성이나 상처받기 쉬움의 같은 문제에서 벗어나 도움이 필요한 자를 지속적이고 일관되게 돕는다는 장점이 있음을 강조하였다.

선별과 배제의 원칙으로 작동하는 제도적 나눔

그렇다면 이제 우리는 자유주의 국가관을 가진 그리스도인들의 우려와 달리 국가의 다양한 분배제도나 교회의 다양한 자선제도를 적극 지지하고 확장하는 데 교회와 그리스도인의 역량을 집중시키면 되는가?

이 질문에 리쾨르는 의외로 완전히 동의하지 않는다. 그가 국가의 다양한 분배제도를 교회나 자선기관의 나눔과 연장선에 놓고 '제도화된 나눔'이라고 변증하는 데 일차적으로 노력한 것은 맞다. 그러나 동시에 그는 사회보장과 복지에 대한 국가의 역할이 확대될수록, 타인의 고통에 대한 책임을 전적으로 국가에 전가하는 현대 복지국가 시민들의 비윤리성을 우려하였다.

그는 "참된 자선이 '비인간적인 정의'와 '위선적인 자선'에 의해 지속해서 우롱당할 수 있다"라는 사실을 잘 알고 있었다.* 그는 먼 이웃을 돕는 제도적 자선이 가까운 이웃을 돕는 인격적인 자선과 변증법적으로 끊임없이 상호 견제하며 발전할 때에만 참된 자선이 가능하다고 보았다. 이 관점

---

* Paul Ricoeur, 110.

기독시민교양을 위한 나눔 윤리학

에서 볼 때, 현대 복지국가의 문제는 제도적 나눔이 자발적 나눔을 방해한다는 데 있지 않다. 오히려 그 둘은 양자택일이 불가능할 만큼 서로 단단히 연결되어 있다.

제도는 관습적인 규범을 벗어나지 않거나 법제화된 규칙을 어기지 않아야 유지된다. 그래서 제도는 근본적으로 보수적이며, 현상 유지만으로도 충분하다고 여겨진다. 이러한 특성 때문에 제도적 나눔은 이제까지 지켜왔던 나눔의 관습적 규범이나 법제화된 규칙을 그대로 따르려는 경향을 띤다.

그런데 문제는 이러한 경향이 실제 현장에서는 선별과 배제의 원칙으로 작용한다는 점이다. 당장 도움이 필요한 자 중에서 현행 제도가 관습적으로 혹은 법적으로 나눔을 허용해왔던 이들을 우선 돕기에도 재화는 늘 부족하기에, 관습적 나눔의 대상이 아니거나 법의 보호를 받는 대상이 아닌 이들은 당연히 배제된다. 분명히 처음 제도가 만들어졌을 때는 도움이 필요한 자들에게 더 큰 도움을 주고자 했을 테지만, 제도가 시작되면 예외를 허락하기 힘들기에 정해진 자격을 증명할 길이 없거나 경계에 모호하게 걸쳐있는 자들을 단호하게 거부할 수밖에 없다.

제도화된 나눔은 인간을 비참하게 만들었던 과거의 고통을 해결하기 위해 탄생하였다. 그러나 인간을 비참하게 하는 고통은 얄궂게도 많은 경우 미래로부터 예고도 없이 다가온다. 제도화된 나눔은 미래에서 온 고통을 해결하는 데 무능할 뿐 아니라, 때로는 사악하게 작동되기도 한다. 예멘 내전으로 제주도에 500명 넘는 난민들이 한꺼번에 입국하였을 때 대한민국의 난민법과 관습적인 법 집행은 제도의 무능함과 사악함을 동시에 드러냈다.

제도화된 나눔은 조직의 '먼 관계' 이웃을 돌보기에는 유용하지만, 먼 관계 특성상 사람들이 처한 구체적 상황이 정해진 원칙에 왜 부합하지 못하는지는 거의 알려주지 않으며, 실제로 알려고 노력해야 할 의무를 부여하지도 않는다. 특히 제도가 작동하는 조직의 경계 밖에 있는 사람들에 대해서 제도화된 나눔은 더없이 매정할 수밖에 없다. 그들은 나눠 받을 권리를 주장할 만한 관계를 맺어온 이들이 아니라, 완전히 새로운 이방인이기 때문이다.

제도화된 나눔의 관습과 원칙을 끊임없이 위반하기

오늘날 교회가 해야 할 일은 나눔을 놓고 국가와 경쟁하기가 아니다. 교회도 국가도 모두 '타자를 위한 존재'일 수 있기 때문이다. 그러나 교회나 국가 모두 하나의 '인스티튜션'으로 지상의 존재성을 벗어날 수 없기에, 타자를 위하는 방식에서 결국 선별과 배제 원칙을 따르게 된다. 이러한 상황에서 그리스도인들은 무엇을 해야 할까? 리쾨르가 말한 일대일이나 작은 그룹 내의 인격적 나눔 관계에 집중하는 일이다.

인격적 나눔의 방식은 국가나 교회가 운영하는 제도화된 나눔이 미치지 않는 사각지대의 사람들을 단순히 보완해서 돕는 데 머물지 않는다. 인격적 관계는 먼 관계에서 익명적이고 추상화되었던 이웃들의 구체적인 고통에 실질적으로 맞닥뜨리게 하고, 그 고통을 발생시키는 개인적, 역사적, 사회적 맥락의 다양성도 이해할 기회를 준다. 이러한 이해가 진지하게 이루어질 때, 우리는 제도화된 나눔이 선별을 통해 배제했던 상황에 다시 '예외적으로' 제도를 개방할 수 있는 조치를 취할 수 있다. 그런 예외적인 조치가 쌓일 때, 이미 존재하는 제도적 나눔도 예외적 조치들을 수용하는 혁신과 확장으로 나아갈 수 있다. 그렇게 될 때 시민과 교인에게 부여된 나눔을 할 의무와 나눔을 받을 권리 모두 확장될 수 있다.

현대사회에서 국가는 하나의 조직이자 제도로서 모든 국

민을 돌보며 모든 궂은일을 맡아 해야 할 광범위한 책임을 진다. 이러한 사회에서 교회와 그리스도인들이 집중해야 할 역할은 무엇인가? 그것은 국가만이 아니라 교회를 비롯한 모든 조직이 현재 실행하고 있는 제도화된 나눔의 관습과 원칙을 끊임없이 위반하는 일이다. 예외적 나눔의 사건들이 계속 발생할 수 있도록 늘 새롭게 깨어있어야 한다.

예수야말로 예외적 나눔의 사건들을 자기 사역으로 보였던 분이다. 안식일에는 병을 고치지 않았던 유대 관습을 깨고 그는 손이 오그라든 사람을 고쳤다. 심지어 그는 이스라엘의 길 잃은 양들에게 보내심 받았다는 사명을 스스로 깨고 이방인 가나안 여인의 귀신 들린 딸을 고쳤다. 그는 포도원 품꾼 비유를 통해 기여나 능력에 따라 몫이 정해져야 정의라고 믿던 사람들의 생각을 전복하기도 했다. 시각장애가 있는 사람을 보며 풍습을 따라 죄가 그에게 있는지 부모에게 있는지 따지던 사람들 앞에서 예수는 진흙을 개어 그의 눈에 바르고 눈을 뜨게 했다. 유대와 갈릴리 사람들에게는 이 모든 일이 기이하게 보였다. 예수가 시대의 관습과 종교법을 위반하면서까지 도움받을 권리가 없던 자들에게 도움 주기를 멈추지 않았기 때문이다. 예외를 창조하는 일이 예수 사역의 핵심이었다.

우리가 그의 제자가 되기로 했다면, 우리의 순종은 단순히 찬양과 경배에만 머물 수 없다. 예수처럼 원칙을 위반하고 예외를 창조하는 일에 동참해야 한다. 한국교회의 위기는 예외를 창조하는 의무를 망각하고 익숙한 나눔에만 만족하는 데 있다. 해외 저개발국가 아이들을 위한 의료와 교육에 힘쓰거나, 국내 저소득층 가정 자녀들에게 장학금을 기부하는 일, 지역사회 노인들이나 장애인을 위해 봉사하는 일에 교회는 많은 역할을 잘해왔다.

그러나 '정상가족' 이데올로기가 해체되고, 신자유주의가 우리 삶을 옥죄어오며, 기후위기가 기후재앙으로 급진할 뿐 아니라 신국가주의와 신민족주의가 빠르게 팽창하여 혼돈 그 자체인 이 시대에 다양한 인간이 처한 고통의 스펙트럼은 훨씬 복잡하고 광범위할 수밖에 없다.

오늘날 한국교회는 이러한 변화에 제대로 응답하지 못하고 있다. 단순히 게으르기 때문이 아니다. 예외적 나눔을 창조하기 위해 전제되는, 타자의 고통을 읽어내는 윤리적 감수성이 턱없이 부족하다. 기존의 나눔 원칙을 위반하기 위해서는 변화하는 현 시대의 문제를 읽어내는 합리적 지성이 필요한데, 이 역시 한국교회와 지도자들에게 잘 보이지 않는다. 예외적 나눔의 창조를 사명으로 받은 교회의 본질에서 볼 때, 보수 성향의 교단이나 교인이 다수인 한국교회 현실은 암울하게 다가온다. 정치 공동체 전통을 유지 보존하려는 것이 보수 정치세력의 특성이라면, 이는 나누기의 제도뿐 아니라 나눔의 제도 모두에서 익숙한 방식만 고수하게 될 것이기 때문이다. 즉 권리 없는 자들에 대한 권리 확장이 아니라, 이미 많은 권리를 가진 자들의 기득권을 지키는 일에 머물기 쉬울 것이다.

나눔의 실패 가능성

'나눔의 윤리학'은 이미 확증된 도덕 원칙과 실천 방식을 가르치는 교육에 머물 수 없다. 오히려 지금까지 살펴본 것처럼 가정과 학교, 사회에서 가르치는 도덕 원칙들을 의심하고 해체하는 일에 더 노력을 기울여야 한다. 이를 전제로 왜 우리의 나눔이 계속 실패하는지, 나눔의 윤리학은 겸허하게 물어야 한다. 나눔의 실패에 대한 성찰 없이 지속되는 나눔 실천은 오히려 나눔을 받는 이뿐만 아니라 나누는 이에게도 큰 해가 될 수 있다.

그러나 나눔의 실패 가능성을 성찰하자는 말이 염세주의

나 비관주의에 빠지자는 의미는 아니다. 그리스도교 신앙은 하나님 나라의 완성을 기다리는 종말론적 희망 속에서 우리 자신을 돌이켜 '타자를 위한 주체'이자 '주체를 위한 타자'로 다시 설 수 있는 용기와 지혜를 준다. 실패와 희망을 오가는 삶 가운데 나눔의 성공은 결코 보장할 수는 없다. 다만 분명한 것은 마지막 때까지 우리는 끊임없이 가진 것을 나누며, 그 일을 통해 인간다움을 지켜갈 수 있으리라는 사실이다. 기독교 제자도의 본질이 바로 그것이 아니고 무엇이겠는가?

자신의 삶을 전부 내어주시고도 늘 미안해하시는 아버지 김
종용 님과 어머니 김숙자 님께 말로 다 할 수 없는 감사를
드립니다. 근본적인 다름 가운데서도 배우자의 삶과 생각을
존중하고 지지하는 이봉석 목사와, 존재 자체로 엄마에게
사랑을 갚아주는 딸 이채란에게도 깊은 감사를 전합니다.

　나의 모든 비판적 사고와 신학적 사유에 뿌리가 되어
주신 양명수 이화여대 명예교수님, 질베르 뱅상(Gilbert
Vincent) 스트라스부르 대학교 은퇴교수님에게 깊은 감사와
존경을 표합니다. 동방의 작은 나라에서 온 권리 없는 이방
인에게 스트라스부르 대학교 신학대학은 프랑스 국가 연구
장학금을 받을 수 있는 권리를 마련해주었습니다. 뭐라 감
사드려야 할지요. 함께 일하면서 갈등하고 협력하며 연대의

가치를 가르쳐준 나의 소중한 동료들과 친구들에게도 고마운 마음을 전합니다. 또한 신도교회 성도들과 향연교회 성도들, 신길중앙교회 성도들에게도 진심어린 감사 인사를 올립니다.

나눔의 윤리를 이야기하는 원고가 잡지 지면으로 소개되는 과정에서 늘 첫 독자가 되어 글을 다듬고 생각을 나눠주신 〈복음과상황〉 김다혜 기자와 구성원들, 그리고 독자들께도 감사 인사를 전합니다. 사실 이 책은 2020년 초, 당시 〈복음과상황〉 편집장이었던 옥명호 잉클링즈 대표의 연재 제안으로 시작되었습니다. 첫 연재가 시작된 순간부터 연재를 마치고 수정·보완을 거쳐 비로소 한 권의 책으로 나오기까지 오랜 동행을 해주신 옥명호 대표께 깊은 감사를 드립니다. 아울러 출판 가능한 언어로 편집의 노동을 정성스럽게 감당해주신 한수경 편집자와 편집 최종 과정에 함께해주신 이현주 편집자께도 감사 인사를 전합니다.

마지막으로 이 모든 감사의 원천이 사랑의 하나님이심을 고백합니다.

2022년 8월,

김혜령

감사의 말

기독시민교양을 위한 나눔 윤리학
ⓒ 김혜령, 2022

1판 1쇄 펴냄 2022년 8월 30일

지은이   김혜령
펴낸이   옥명호
편집   한수경 이현주 옥명호
디자인   임현주
제작처   예원프린팅

펴낸곳   잉클링즈
출판등록 2010년 5월 31일 제2021-000073호
주소 03140 서울시 종로구 삼일대로 428, 5층 500-27호(낙원동, 낙원상가)
전화 02)334-5382 | **팩스** 02)747-9847
이메일   inklings2022@gmail.com

ISBN 979-11-975987-2-2 03190